文物珍寶

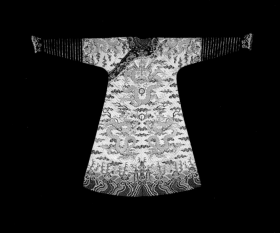

文物珍寶 6

明清織繡

Beauty of
TAPESTRY AND EMBROIDERY

主編❖王光鎬　作者❖楊　玲　攝影❖楊京京

絲綢文明與中國古代社會

早在新石器時代，中國的先民們就掌握了栽桑、養蠶和利用蠶絲的原始生產手段。在此後的數千年裡，古代勞動者以他們的智慧和勤勞創造了璀璨絢麗、內涵豐富的絲綢文明。它在物質和精神諸方面，與中國古代社會生活相互影響，彼此促進。對中國政治的穩定，經濟、文化的繁榮與發展，起到了舉足輕重的作用。

在中國封建社會中，男耕女織的個體家庭一直是社會生產的

基本單位。是自給自足的封建經濟結構形成及穩定發展的基礎。在一個家庭中，男子主要從事農耕和狩獵，女子則以家務勞動和紡織爲主。「男耕而食，婦織而衣」「男樂其疇（耕），女修其業（織）」即是當時社會經濟情況的寫照。「桑」與「農」作爲人民衣食之源，具有同等重要的地位。「一夫不耕或受之饑，一女不織或受之寒」「非夫耕婦織，內外相成，何以家給人足？」農桑產品成爲人民最基本之生活保障。古時欲述一地物產豐富，常以「桑麻遍野」「擅桑麻之利」來形容。

殷商卜辭間桑蠶、祭蠶，典禮十分隆重，可知蠶桑業與農業一樣爲一年之重要收成。作爲統治者也極力占有這一重要物資。漢劉安《淮南子・原道訓》說：「禹合諸侯於涂山，執玉帛者萬國。」《左傳・哀公七年》也有同樣記載。帛是古代絲綢的總稱。當時的諸侯須拿着美玉絹帛才能去朝見。唐代江南地區甚至「產業論蠶議」，以養蠶多寡衡量家產的富貧。同樣更以占有絲綢品來誇富炫貴。

歷代興邦之後皆以勸課農桑爲富國裕民之要策。周代以農立國，重農桑。《詩經・豳風・七月》描寫豳地一到春季治蠶之日，婦女們忙於蠶桑活動「……春日載陽，有鳴倉庚，女執懿筐，遵彼微行，爰求柔桑，……蠶月條桑，取彼斧斨，以伐遠揚，猗彼女桑，……」。《史記・貨殖列傳》說齊「太公望封於營丘（臨淄），地瀉鹵，人民寡，於是太公勸其女工，極技巧，通漁鹽，則人物歸之，繦至而輻輳，故齊冠帶衣履天下。」太公採取發展農、漁、鹽、紡織業的措施，使經濟高度繁榮，成爲諸侯中最富強者。吳越之爭，勾踐敗而臥薪嘗膽，「得范蠡之謀，乃示民以耕桑」甚至「身自耕作，夫人自織」。由於發展了農桑生產，得以國富民強，最終消滅了吳國。秦始皇時期，商鞅的變法政令，對農民的耕和織予以同樣獎勵。據文獻記載，秦始皇死後用金蠶隨葬，用意是蠶能吐絲，絲能織帛，以保統治無虞，享樂無限。漢代每年必由皇后親自舉行養蠶儀式，漢《張遷碑》文有「蠶月之務，不閉四門」，可見漢地方官吏於蠶桑生產之重視。錦在蜀地經濟中一直占有重要地位。三國蜀漢甚至依賴錦的生產維持軍需，諸葛亮說：「今民貧國虛，決敵之資唯仰錦耳」、「蜀中軍需唯依賴錦」（見《諸葛亮文集》）錦成爲卻敵保國的重要保障。而吳國也將絲綢產品作爲「贍軍足國」的重要物資。南北朝時期，北周蘇綽的《六條詔書》中說要「使農夫不廢其業，蠶婦得就其功」。唐宋絲織業更盛，李商隱《隋宮》詩有「春風舉國裁宮錦，半作障泥半作帆」。唐玄宗時，宮

中僅供楊貴妃的織繡「巧兒」就有七百人。另「定州何明遠大富主官中三驛，每於驛旁起店停商……家有綾機五百張。」《太平廣記》二百四十三治生・何明遠條引《朝野僉載》）足見絲織業規模之大。明太祖朱元璋，更以農桑爲衣食之本，特別注意植種桑棉，甚至以農桑成績作爲督考官吏的主要內容。

農桑盛，才得衣食足，百姓才能安居樂業，國家才能富足強盛，統治才能安定長足，這是歷朝統治者深諳之理。

蠶桑絲織業在封建經濟中占有的重要比例，從政府賦稅中也有強烈的反映，歷朝均把絲帛列爲徵賦之重點，作爲國家賦政的主要收入。

戰國時期，各國政府向農民徵收地租，除有「粟米之徵」還有「布縷之徵」（《孟子・盡心》）。漢武帝時各地貢賦主要是紡織品。據《漢書・平准書》記載，元封四年（公元前107年）一年中，政府誅求到民間的輸帛五百餘萬匹，國家財政得以充裕。北朝時期政府所徵收之戶調爲絹布，農民在種田之餘必須兼做紡織。隋沿循北齊均田制，受田的一夫一婦要歲納地租粟三石，調絹一匹，綿三匹；或布一端，麻三斤。唐天寶年間，朝廷度支歲入部分的紡織品，高達絹七百四十萬匹，絲一百八十五萬噸（一噸等於六兩），麻布一仟六百零五萬端。按今公制折算，絲、麻兩項合計達一億七仟二百一十萬平方米，數量之大，前所未有。宋代租賦物品分穀、布帛、金鐵、物產四大類。布帛中又分：羅、綾、絹、紗、絁、紬、雜折、絲線、棉、布葛十品。《明會典》記載明初夏秋兩稅每年征收絹二十八萬八仟五百餘匹。除徵收夏稅絲、棉及秋稅絲絹外，還有農桑絲絹和染料等貢賦的征收。稅額並逐年增加，以年計算的最高額是永樂十一年（公元1413年），達到一百八十七萬八仟八百二十八匹。清朝對絲綢業的占有通過稅收和官營織造局兩個途徑。民營絲綢業負擔沉重，「機戶不得逾百張，張納稅五十金」。官營的江南三織造，各局平均年織上仟匹，有時還通過採辦、採買等形式，增加上繳緞匹數。由此可見，絲織業對國家經濟貢獻之一斑。

蠶桑絲綢作爲重要的產品和生產資料，促進了國內外商品貿易的發展。

早在商周時代，紡織品已作爲商品在民間貿易中進行交換。《管子》記殷伊尹以「女工文繡，纂組一純，得粟百鍾於桀之國」，以文繡綢絹換及桀的穀物糧食。周孝王時貴族智以「匹馬束絲」交換了「五夫」；「氓之蚩蚩，抱布貿絲」（《詩經・衛風・氓》）；而宋臨安（杭州）「諸行市中有：絲綿、生帛市、枕冠市、

故衣市、衣絹市……」，很多經營絲綢商業的彩帛鋪「買賣晝夜不絕」（吳自牧《夢梁錄》卷十三）。西漢時有大量錦繡輸往少數民族地區，成爲民族間經濟往來的主要商品。而絲綢作爲傳統出口產品，在公元前五世紀前後，開始流傳至國外。張騫通使西域及海上絲綢之路的開通，使中國絲綢外運傳遍歐亞大陸，東經朝鮮半島至日本，北越阿爾泰山脈至俄羅斯中腹地或更遠，西經中亞到波斯再傳至歐洲，西南則傳入印度，甚至遠及非洲和拉丁美洲。中國因此有「Seres」絲國的美譽。公元一世紀，羅馬博物學家普林尼（公元23～79年）在其名著《自然史》中寫道：「中國產絲，織成錦繡文綺，遠至羅馬，……裁成衣服，光彩奪目，人工巧妙，達到極點。」中國絲綢的西運，極大豐富了當地人民的物質文化生活，促進了當地紡織業、服裝業的發展。當時運到歐洲的中國絲綢，竟與黃金等價。

絲綢的發明，使人類由「衣皮韋」進化到染五彩織成錦帛製作衣裳，促進了衣冠製度的產生與服飾文明的發展。禹「垂衣裳而治天下」以衣裳繡繪紋飾標別地位尊卑。統治者把衣冠制度當作鞏固政權維護等級差別的一種手段，「易服色」成爲新朝代建立的表徵。先進的絲織生產爲衣冠制度的實施提供了物質前提。歷朝的服飾文化，受到絲綢生產技術及品種等方面的影響，反過來，又刺激了絲織業的發展。

絲綢還是友好的使者。歷史上多以文繡錦帛作爲高級禮品，禮贈友鄰，「化干戈爲玉帛」以示友睦。漢與匈奴交好，哀帝元壽二年（公元前2年）朝廷一次就送給匈奴單于「錦繡繒帛三萬匹」（《漢書·匈奴傳》）。君主賞賜臣下，也多用絲綢。劉備「入益州，賜諸葛亮、法正、張飛、關羽錦各千匹」。（《太平御覽》八一五引《蜀志》）就是古代男女的愛情故事，也常與織繡有關。牛郎織女的神話流傳最廣，膾炙人口；會昌年間（公元841～846年），有邊陲將軍張揆，戍邊十年，其妻侯氏，繡詩於絲帛之上，進呈唐武宗，詩曰：「揆離已是十年強，對鏡那堪更理妝。聞雁幾回修尺素，見霜先爲製衣裳。開箱疊練先垂淚，拂杵調砧更斷腸。繡作龜形（詩篇外形爲龜狀）獻天子，願教徵客早還鄉。」武宗看後，感其才情，放揆還鄉，並賜侯氏絹三百匹「以彰才美」。又有晉朝刺史竇滔之妻蘇氏，容貌美麗，心靈手巧，與丈夫因妒生離，悔恨之下，在錦上織就回文詩，計有八百餘言，三十餘首詩，上下左右皆成文章。字裡行間，心跡可表，彩絲凝暉，才情相見，取名爲《璇璣圖》。其夫覽而稱妙，感於其情，重修了夫妻之好。

絲綢優良的物理品性，天生麗質，千百年來喚起過人們多少藝術靈感。左思《蜀都賦》讚美蜀錦「貝錦斐成，濯色江波」。白居易讚繚綾「四十五尺瀑布泉」、「地鋪白烟花簇雪」。王建《織錦曲》「蝶飛參差花宛轉」。《詩經‧鄭風》「縞衣茹蘆，聊可與娛」，把縞衣比作善良美好的女子，喻意純潔的愛情。漢樂府《陌上桑》中那個美妙絕倫的少女羅敷「奉化有好女，自名爲羅敷，羅敷善蠶桑，採桑城南隅。……」屈原《九歌》中的人物「靈衣兮被被，玉佩兮陸離」一派名士風度。而李清照的名句「雲中誰寄錦書來，雁字回時，月滿西樓。」藉盼錦書流露出獨居孤房的思婦之情。

在紙發明以前，絹帛一直作爲重要的書寫、繪畫材料。我國發明蠶絲最早，古人以絲織品作書寫材料，與竹木相輔而行。明羅頎《物原》說：「史籀始墨書於帛」《韓非子》說「先王寄理於布帛」《墨子》「書之竹帛，傳遺後世子孫。」吳自牧《夢梁錄》「絹，官機，杜村唐絹，幅闊者密，畫家多用之。」清方薰說「繪事必得好筆、好墨、佳硯、楮、素，方殫畫者三妙。五者，楮、素尤屬相關，一不稱手，雖起右人爲之，亦不能好。」（方薰《山靜居畫論》，引自余紹翁《畫法要錄》）絲帛眞正成爲人們闡發思想，抒寫感情的媒體。由於絹帛的不易滲水，元以前繪畫較爲工整的風格，是絹帛的支配作用。而絲綢的質感，爲畫家創造形象，形成技法風格，提供了靈感。戰國帛畫主要靠衣紋表現人物形神。敦煌的飛天借助流動的飄帶、裙服，表現飛動的感覺。古人更把「曹衣出水，吳帶當風」作爲藝術風範的標誌。人物畫技法中的十八描，也大多依據絲綢服飾的質感，提練而來。宋代肇始以絲絹裝裱書畫，其特有形式，對完善中國畫的形式，保護書畫有深遠意義。

絲織業的發展，帶來染色技術、織造技術的進步。染色技術的發達又對繪畫施彩帶來積極的影響。

豐富的織繡圖案，也是中國工藝美術史中的寶貴財富；觀賞性的畫繡、緙絲開拓了藝術新品種。

古老的絲綢文明，是中華民族的瑰寶，是古代社會生活的多彩反射，也是獻給世界人民的一份厚禮，爲世界文明的進步作出了不可磨滅的貢獻。

本書著重介紹高度發達的明清時期絲織業狀況，絲織、刺繡、印染的品種、成就與特色及明清織繡紋樣，並附以大量首次發表的實物資料，以使讀者對明清織繡的技術與美術兩方面的成就有較爲直觀和全面的了解。

壹 明清絲織生產的發展

貳 絲織的品種

- 光亮平滑的緞 —— 15
- 絢麗華美的錦 —— 29
- 采茸柔拂的絨 —— 38
- 光潔似冰的綾 —— 40
- 輕薄如空的紗 —— 40
- 輕軟牢固的羅 —— 41
- 爽滑平順的綢 —— 48
- 如雕似鏤的緙絲 —— 49

叁 刺繡與印染

- 刺繡 —— 74
- 印染 —— 117

肆 豐富多彩的花紋與圖樣

- 帝后、百官的服飾紋樣 —— 120
- 民間百姓喜愛的吉祥圖案 —— 151

【參考書目】 —— 189

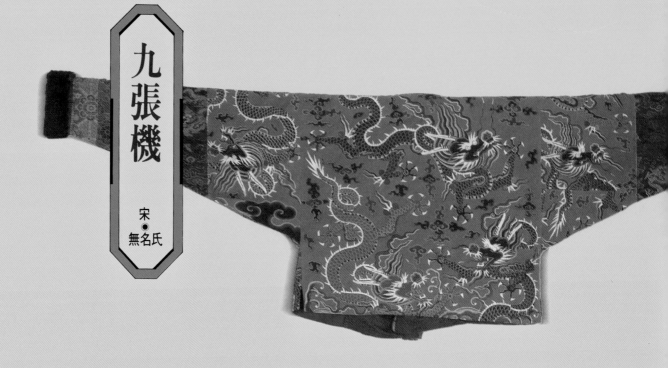

九張機

宋 ● 無名氏

其一
一張機，採桑陌上試春衣。風晴日暖慵無力。
桃花枝上，啼鶯言語，不肯放人歸。

其二
兩張機，行人立馬意遲遲。深心未忍輕分付。
回頭一笑，花間歸去，只恐被花知。

其三
三張機，吳蠶已老燕雛飛。東風宴罷長洲苑，
輕綃催趁，館娃宮女，要換舞時衣。

其四
四張機，咿啞聲裏暗顰眉。回梭織朵垂蓮子。
盤花易綰，愁心難整，脈脈亂如絲。

其五
五張機，橫紋織就沈郎詩。中心一句無人會。
不言愁恨，不言憔悴，只憑寄相思。

其六
六張機，行行都是耍花兒，花間更有雙蝴蝶。
停梭一餉，閑窗影裏，獨自看多時。

其七
七張機，鴛鴦織就又遲疑。只恐被人輕裁剪，
分飛兩處，一場離恨，何計再相隨？

其八
八張機，迴紋知是阿誰詩？織成一片凄涼意。
行行讀遍，厭厭無語，不忍更尋思。

其九
九張機，雙花雙葉又雙枝。薄情自古多離別。
從頭到底，將心縈繫，穿過一條絲。

明清絲織生產的發展

進入到封建社會末期的明清時代，由於社會生產力和商品經濟的發展，統治階層對絲織品的巨量消費，使具有數千年歷史的絲織生產得到大規模的發展與空前的繁榮，並在生產結構上發生了新的變化。

元末戰亂留給剛剛建國的明王朝的是空虛的城野、凋敝的經濟。明太祖朱元璋鑑於史訓，爲了安定民衆、鞏固政權，採取了一系列恢復生產的措施，如獎勵墾荒、減輕賦稅徭役、推廣桑棉種植等，有力地促進了農業和手工業的恢復與發展，形成了明初社會的繁榮和安定局面。

明政府特別注重桑棉的種植。早在朱元璋爲吳國公時就下令「凡民田五畝至十畝者，栽桑、麻、木棉各半畝，十畝以上倍之」。據《明實錄》、《明會典》、和朱國禎《大政記》等載錄，洪武元年（公元1368年）、廿五年（公元1392年）、廿七年（公元1394年）、廿九年（公元1396年）朝廷多次詔令全國遍植桑棗。並將農桑成績作爲督考地方官吏的主要內容。

蠶桑的廣泛種養，使蠶絲產量驟增，帶動了絲綢生產迅速發展起來。明代中葉以後，絲綢業成爲全國手工業生產的重要部份。江浙的蘇州、杭州、嘉興、南京，山西的潞安，福建的漳州、泉州，四川的成都等地是明代絲織生產的主要產區，生產各具特色的絲織品種。

官營絲織業在明代絲織生產中仍占主導地位。工部是掌管官府手工業的主要部門，下設四個屬部（司），其中的都水清吏司掌管織造。爲了滿足皇室、百官服用和賞賜的需求，中央和地方設立了衆多的官營織染機構。北京有內織染局「掌染造御用及宮內應用緞匹、絹帛之類」。南京內織染局專織進宮各色絹布及文武官員誥敕。南京司禮監神帛堂專門織造祭祀用的神帛。同時，在全國絲綢業較爲發達地區均有地方官府設立的織染局，據《明會典》的記載，計有：

浙　江——杭州府、紹興府、嚴州府、金華府、衢州府、台州府、溫州府、寧波府、湖州府、嘉興府。
福　建——福州府、泉州府。
南直隸——鎮江府、蘇州府、松江府、徽州府、寧國府、廣德府。
山　東——濟南府。

江南布政司、四川布政司、河南布政司。

其中蘇州和杭州織染局規模較大，最爲著名。蘇州織造局在嘉靖時「局之基址，共計房屋二四五間，……機杼，共計一七三張，掉絡作廿三間，染作一四間，打線作七二間。」「各色人匠計六六七名，每名月給食糧四斗，……在局工作」。可見基址之大，工匠之多。

官府手工業織造數目巨大。從英宗天順四年（公元1460年）開始，朝廷對蘇、杭、松、嘉、湖五府織造於常額之外，大量增造坐派，「天順四年遣中官往蘇、松、杭、嘉、湖五府於常額外增造綵段七匹。……正德元年（公元1506年）……令應天、蘇、杭諸府……造萬七千餘匹，……隆慶間（公元1567～1572年）添織漸多，蘇、松、杭、嘉、湖歲造之外，又令浙江、福建……諸府州分造繒萬餘匹，萬曆中（公元1573～1620年）頻數派造，歲至十五萬匹，相沿日久，遂以爲常。」

明代官府手工業中的匠戶人數也最多，明太祖洪武二十六年（公元1393年）規定，各地到京師輪班役作匠戶名額爲二十三萬七仟八十九名。永樂年間（公元1403～1424年）由南京遷到北京的民匠戶，共有二萬七仟戶。

織造局內工匠的分工，《明會典》卷一八九「工匠」中有這樣的記載：綵匠七十　神帛匠一　繡匠七三一　氈匠二〇七　綿匠三六　絡絲匠四六五　腰機匠五〇　挽花匠二六九　染匠四六六　攢絲匠一三八　花氈匠三　毯匠三八　綿花匠三六　織匠一一一　挑花匠八三　刻絲匠二三　紡綿花匠一二　緝麻匠一　捻棉線匠五　織羅匠二　絡緯匠五三　三梭布匠一六　駝毛匠二六　彈棉花匠二。可見工種之繁複，分工之細緻。

明代對官營作坊的工匠採取定時、輪班服役制度，成化以後，又允許以銀代役。匠役制度的改革，在很大程度上解放了工匠的勞動力，使其把大部分時間和生產技術投入社會生產，對促進民間手工業的發展，起了重要作用。

民營絲織業在整個社會生產結構中與官營絲織業的比重增大。民間出現了規模較大的手工業工場，機戶常常擁有幾十張織機，「以此起家，富致萬金」。同時機戶與機工之間出現了「機戶出資，機工出力」的新型的帶有資本主義性質的雇傭關係。在當時絲織生產中心的蘇州「大戶張機爲生，小戶趁機爲活。每晨起，小戶百數人，嗷嗷相聚玄廟口，聽大戶呼織，日取分金爲饔飧計。大戶之機一日不織則束手，小戶一日不就人織則腹枵，兩者相資爲生久矣」。這種新型生產關係的出現，表明我國在明代中葉，在中國封建社會內部已經產生了資本主義生產關係的萌芽。

絲綢生產的迅速發展，帶動了蠶桑生產和織造技術的改良進步。明朝織機種類增多，可根據生產品種的不同選擇各種織機類型。如織紗羅織物用羅機子製織，織平素織物用小機織造，提花織物則用花樓提花機製織。生產機具的改進，反過來又促進了生產的發展。

清初從順治初年（公元1644年）到康熙晚年（公元1722年）的七、八十年間，經過墾荒、移民、修河、築海塘、減稅等改良措施，使因戰亂而殘敗的農業生產得以恢復。

清代桑棉的種植遍及全國各地，成爲農民經濟生活中重要的生產事業。農民衣食及賦稅之資，多仰給於桑棉的種植與加工。浙江「蠶利十倍於耕」。江蘇「環太湖諸山，鄉人比戶蠶桑爲務」「震澤之蠶半稼」。而吳南諸鄉因吳絲「天

下衣被多賴之」而「歲有百十萬之益」的厚利，「是以雖賦重困窮，民未至於空虛，室廬舟楫之繁庶，勝於他所」。

官營和民營仍是清代絲織生產的兩大生產體系。官營織造「在京有內織染局，在外江寧（南京）、蘇州、杭州有織造局」。南京、蘇州和杭州，簡稱江南三織造，成爲清宮御用三大絲織中心，專供宮廷帝后服飾所用的「上用」緞匹由內織染局和江寧局織造，而官府王公賞用緞匹由蘇、杭生產。

官營織造的生產規模、紡織機具及工匠人數都比明代有顯著增加，如蘇州織造局擁有的織機由明代的一百七十二張，增加到八百張，織工達二仟多人。清代「上自袞衣黼黻，下逮官府賚予」所用絲織品數量極大。但官營絲織業在清代的絲織生產中，尤其是清中後期，其主導地位已逐漸爲民營絲織業所取代，這標誌着一個重大的變化和進步。

匠籍制的徹底廢除及清初限制私人織機規定的解禁，使蘇州、杭州、南京等傳統絲綢生產地區的民營絲織業擺脫束縛迅速發展。乾嘉之際，南京民營織機已逾三萬張，出現了織機近仟、工人數以仟計的大型私人絲織工場，而當時江南三織造的織機總數不過二仟張。

官營絲織手工業有國家巨大財力的支持，組織龐大，管理嚴密，技術力量集中，產品精益求精，一直是我國絲織業中的骨幹。從農村家庭手工業中分化出來的民營絲織業，雖然受到封建經濟的壓制摧殘，但仍然在社會長期發展過程中不斷壯大。到明清之際，已發展成爲可與官府手工業抗衡的生產體系，與官營絲織業互爲依托、補充，對中國古代絲織生產的發展起到了重要作用。

【清・耕織圖】

絲織的品種

絲織技術是將絲線編織組合成各類織物的方法。但是不論何種織物，都是由經、緯紗（線）按照一定的規律上下浮沉，反覆交叉聯接而成的，這種交叉或沉浮的規律稱爲織物的組織。由於織造加工方法的不同，導致了織物組織的差異。而所有的組織變化，都是以平紋組織、斜紋組織、緞紋組織爲基礎的，所以這三種組織被稱爲「基本組織」也叫「三原組織」。（圖·❶）

織造技術在新石器時代已經產生，當時採用原始腰機能夠織出平紋織物。商周時期已能織造提花織物，戰國、秦漢時期，織造技術迅速發展，出現了較完善的提花機，絲織品種也較豐富。迨及隋唐，國力強盛，紡織業空前繁榮，斜紋組織和緯線顯花被大量使用，爲中國絲綢技術體系注入了新的內容。這一新的體系在宋元時期得到進一步的發展與完善，緞紋組織亦被大量使用，絲綢品種從絹、帛、綾、綢到錦、緞、緙絲不斷豐富。明清兩代織造技術高度成熟，織造工藝變化多端，使高難精絕的「妝花工藝」達到極爲完美的程度。在絲綢品種方面，通過繼承與創新也呈現出空前豐富的局面。

●光亮平滑的緞

緞是採用緞紋組織織成的絲織品。緞的經緯絲只有一種顯現於織物表面，故外觀光潔平滑、手感柔軟、厚薄可因用途在織造時進行調整，適用性強，是一種富麗華美的高級絲織品。

緞在古代寫作「段」。《唐六典》中把「段」與羅、錦、綾、紗等品種名稱相並列，疑即指緞紋織物。但直到宋代，才有緞織物的實物發現。兩宋遼金元時期，緞的品種增加很快。至明清時期，緞織物的提花工藝高度發展，緞織物成爲當時最流行的高級絲織品。據明《天水冰山錄》記載，從權相嚴嵩家籍沒的絲織品中，有大量高級的金彩段（緞）織物，數量占籍沒織物總數的63％。可見在明代緞織物是上層貴

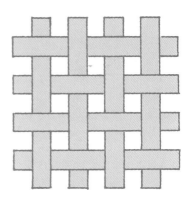

【平紋組織】

【斜紋組織】

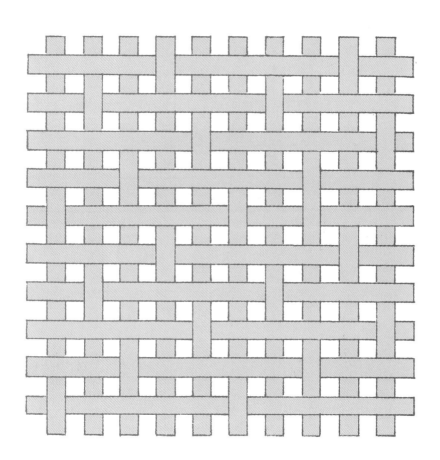

【緞紋組織】

貳
絲織的品種

1

❶明黃纏枝蓮八吉祥暗花緞　明

　經密每cm104根，緯密每cm42根，五枚二飛。

❷木紅四季花卉閃緞　明

❸大紅萬年葫蘆織金緞　明

　片金寬0.3mm，織金顯花，金色閃耀突出。

族極爲重要的服用品。

清代緞織物不僅數量大增，質量亦大爲提高。尤其是八枚緞的流行，把緞織物光潔平滑的特性發揮到極至。

據文獻記載和大量實物遺存，明清時期緞織物的品目花色之豐富，達到了歷史的高峰。如妝花緞、暗花緞、兩色緞、織金緞、閃緞、貢緞、庫緞、蟒緞、裙緞、羅紋緞、片金緞、廣緞、巴緞等等，五花八門，有數十種之多。其定名不外以產地、工藝特徵、紋飾、用途爲據，歸納起來，主要有暗花緞、織金緞、花緞、妝花緞等四大類。

暗花緞——清代又稱庫緞，爲本色單重提花緞織物。它一般是經緞紋地，緯緞紋花，利用經緞紋和緯緞紋組織的不同而顯現花紋。有時，經面緞作地緯面緞顯花被稱爲暗花緞；而緯面緞作地經面緞顯花則稱爲亮花緞。（圖‧❶-1）

明清兩代的暗花緞都是正反緞，具有經密大而細，緯密小而粗的特點，經面效果極佳。明代緞織物以五枚二飛或五枚三飛組織爲多。清代從乾隆初期開始，除繼續織造五枚緞外，更多的是織造七枚二飛、七枚三飛或八枚三飛等緞紋組織。由於經浮線加長，經線弱捻比較鬆散，緯浮點幾乎完全被經浮線遮住，織物的外觀光亮異常，有如鏡面一般，故有「油緞」、「鏡面緞」的稱譽。

織金緞——織金緞是在緞地上用金線替代彩緯織入，是元代納石失品種的發展。一般是織金部分作花部，也有用金線織地緯，在滿地金上空出緞花。

明代的織金緞，花紋以花滿地緊爲特色，花型較大，又多用片金線，充分體現顯金的效果，金光燦燦，豪華奪目。（圖‧❶-3）

清代的織金緞，亦稱「庫金」，以五枚、七枚、

八枚暗花緞或素緞爲地，多用捻金線，金色柔和，注重金、彩的調和，花型也較小，華而不俗。（圖‧❷）

織金緞用作衣服、被褥的面料及衣帽的邊飾等，圖案以龍鳳、瑞花爲主，呈現出雍榮華貴、富麗莊嚴的氣派，深爲皇室貴戚所喜愛。從明代《大藏經》裱封中可以看到明代織金緞的諸多實例。北京故宮博物院還保存了大量清代的織金緞，是專供「上用」和賞賜之用。

花緞——花緞是指在緞紋地上以彩色起花的彩色花緞。花緞的地緯與經絲同色，紋緯異色，且粗於地緯2～3倍。起花時，紋緯專與奇數的經絲交織，不起花時則沉於織物背面。花緞的織造不像下面介紹的妝花緞那麼複雜，色彩也相對簡單。它利用不同的組織及色彩對光的反射顯現不同的效果。外觀清爽醒目，花紋突出。主要的品種有兩色緞、閃緞、鴛鴦緞、廣緞等。（圖‧❸）

閃緞在明清時期頗爲流行，其組織結構是以經面緞作地，緯面緞或緯面斜紋起花。經緯絲常用對比強烈的兩種色彩，從不同角度觀看，織物表面呈現閃色變化的效果。在織造上，閃緞的密度比其他緞類織物密度小，經線較細、捻度較強，緯線較粗，一般不加捻。較細的經線不能完全覆蓋和經線色彩對比強烈的緯浮點，因而出現和經緞面不同顏色的閃色效果。「閃緞」由此得名。

閃緞的花紋一般較爲簡單，多作大朵的勾蓮、牡丹。常見的色彩搭配有：大紅閃石青、石青閃月白、大紅閃豆綠等。

木紅四季花卉閃緞（圖‧❶-2），經線大紅色，單股左手捻。密度每厘米112根。緯線黃色，不加捻，密度每厘米34根。地組織爲五枚三飛經面緞紋，紋組織是六分之二緯面斜紋。

2

明黃團龍四合雲織金緞　清

　　八枚團龍四合雲暗花緞地，團龍成圓璧形，在中心素地上以撚金線織滿文。

3

石青地鳳穿百花兩色緞 明中期

4

❶**大紅萬事大吉葫蘆加金妝花緞** 明

❷**大紅雲鶴加金妝花紗** 明

❸**大紅雲鳳加金妝花羅** 明

妝花緞與妝花織物——妝花是對於挖梭工藝的別稱。如在一種提花織物的花部採用通經斷緯的方法進行顯花的話，這種織物便可稱為妝花織物。

妝花的織造，採用了挖梭和通梭配合使用的方法。以明代妝花緞爲例，在五枚緞紋地上，用通幅的大梭子即通梭織一至二梭地緯，換用放置幅面上的各色小管梭視花紋所需逐次挖織一梭花絨緯，稱爲「過管」。每過完一遍管，又用通梭織一至二梭地緯。小管梭上的色緯可視花紋需要隨時調換，如附近有同色花紋，也可跳過他色將小管梭帶過去織，跳過的地方背面就留有未經交織的彩絨浮線。這種織花方法，稱爲「挖花」，它是受到緙絲技法的啓示而發展的。挖花技術的使用，不但極大地豐富了織物的色彩，同時減少了織物厚度，節省了原料，是明清織造技術的一大進步。

明清時期是妝花織物的興盛期。根據地組織的不同又有諸多品種。明《天水冰山錄》記載的妝花織物的品名就有妝花緞、妝花紗、妝花羅、妝花綢、妝花絹、妝花絨等十七類。（圖·❹）定陵出土的一百七十餘匹袍料和匹料中，有十七個品種，妝花織物占了一半以上。各地出土和傳世妝花織物也很多。明清妝花之盛，大有取代織錦的趨勢。

妝花緞是南京雲錦的重要品種。它是以緞紋組織爲地，採用挖梭技術織造的高級絲織品。

由於使用了挖花技術，妝花緞的用色不再受到限制。在同一緯絲位置上，有時可挖織十餘種彩色絨緯，色彩層次變化豐富，色緯微凸，華麗貴重，具有織錦的效果。妝花緞綜合了緞織物的特點，而又大大超過了其它緞織物。妝花緞的顏色有的多達三、四十種，用色之豐富是其他緞織物不能相比的。正由於它色彩艷麗，輕薄柔軟，美觀而又實用，因而受到時人的喜愛。（圖·❺）

妝花緞的用途很廣泛，是製作服裝、被褥、墊面及室內陳設品的高級材料。妝花緞可以織成匹料，也可以按照服裝款式及室內裝飾陳設用品的規格製出織成料。圖・❻ 的這件康熙妝花緞雲龍吉服，就是按照設計要求織成的，平整挺括，精緻華貴，足以代表當時妝花緞的織造水平。

妝花緞中以加用金線的品種最爲名貴。它是在妝花緞組織上加織撚金線和片金線。有織金妝花緞和遍地金妝花緞。織金妝花緞常用金線織主體花紋或吉祥文字，也作花紋勾邊之用。花紋以彩色絨緯爲主，金色作點綴。（圖・❼、❽）遍地金妝花緞是用金線織地紋，在金地上織花，用金量大，十分華貴。清代中期南京雲錦中的名品「金寶地」即是遍地金的特殊品種。它採用織金緞作地組織，用金銀線作地緯，織成遍地金銀，多彩絨緯挖梭顯花，並用片金線勾邊，有時在彩花之間，還穿插一些用片金銀

織的花紋，金、彩交輝，互爲襯托，華貴絕倫。「金寶地」的花紋，大多是玫瑰花、牽牛花、月季、牡丹或各種變形的花卉，有的花紋具有西洋風格，比較寫實，被稱作「大洋花」。

圖・❾是清代中期「折技月季金寶地」。

妝花的織造，費工費時。挖花有「金不過指，絨不過寸」的口訣，即謂色絨跨過一寸寬的部份，金線跨過一指寬的部位，就要分別用兩個彩管梭去挖織。織到主花部位時，往往需要四、五十個彩絨小管梭。因此，織造速度極慢，一天只能織兩寸，故有「寸金換妝花」的俗語。

妝花織物中還有一個品種叫做「芙蓉妝」。配色較簡單，艷而不繁。紋樣中花卉的葉子一般用一、二色滿貫全幅的整體色彩，用長跑梭織造；連續循環的花朵則以短跑梭在花頭上分段換色。因此織物的背面呈現橫向彩條。具有織物平整，簡潔明快的特點。因爲初時使用這種妝花方法多以芙蓉爲主體紋樣，因此有「芙蓉

21

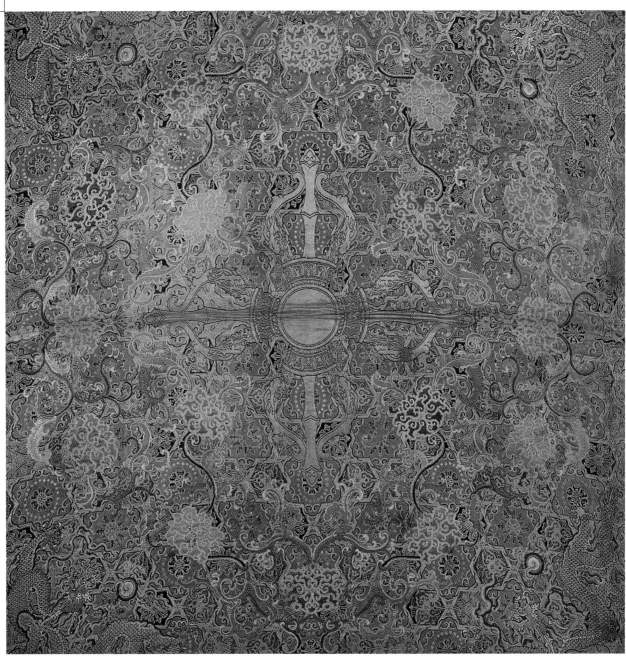

5

❶**纏枝寶相行龍龜背妝花緞** 清・乾隆

長141cm・寬125cm

龜背地添花，中心用撚金線織圓璧，邊出四柱
八龍，周圍以纏枝寶相環繞，四角游龍戲珠。用
色達三十多種，繁複多變化，織造技藝精湛。質
地緊密、柔軟，紋飾華麗，色彩柔和，是比較典
型的乾隆時期作品。

❷**寶相游龍局部**

色彩過渡和諧，用退暈法。並以金線勾輪廓，
金彩交輝，更顯華貴的宮廷風格。

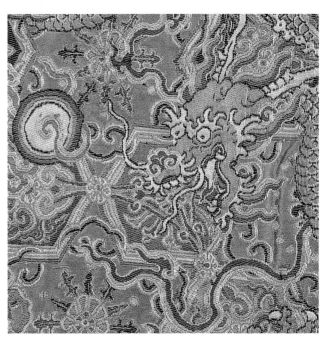

6

❶明黃雲龍妝花緞吉服袍背面　清・康熙

❷行龍局部

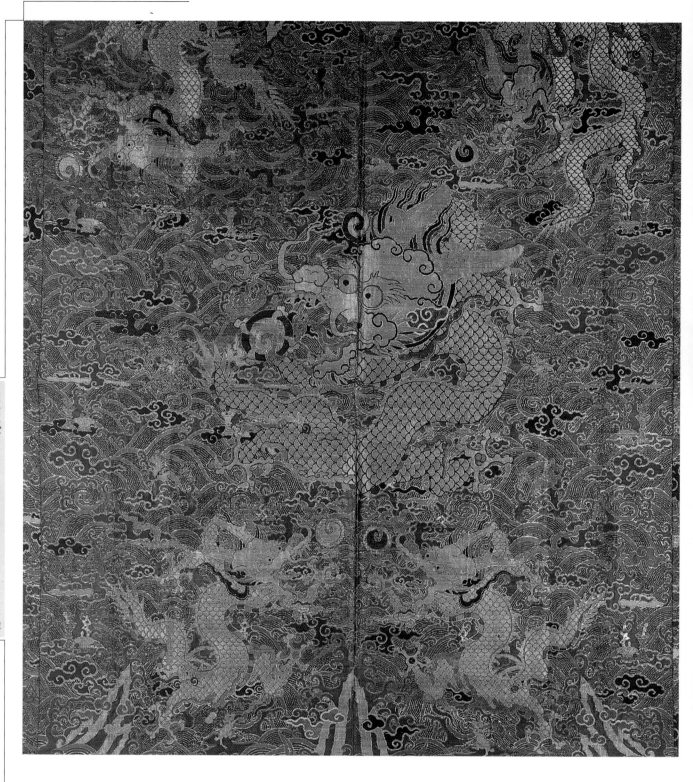

7

❶普藍地雲蟒海水織金妝花緞袍料　清・康熙

長148cm・寬149cm

此件為袍料前襟部分。蟒紋用圓金線織制，金
線較粗，凸於地紋，鱗光閃耀。蟒紋周圍織海水、
江崖、祥雲、博古、白馬、獅子、小蟒、桃、卐
等紋飾，並用片金線勾織輪廓。以普藍色為主色
調，金色更加奪目。

❷蟠龍局部

火珠用三種線織出,中心用圓金線,第二層用片金線,最外層用孔雀羽線。兩種金色與孔雀羽線的瑩光在光線照射下顯出不同的光澤,使火珠靈動如活。

8

紅地雲蟒紋織金妝花緞織成帳料　明

長143cm・寬228cm

　　蟒紋使用了赤圓金、淡圓金二種顏色的金線織制，又用片金線勾輪廓，極其富麗，生動威猛，有強烈的動感。雲紋用藍色，在紅色底色的襯托下，顯得凝重華貴。

9

折枝月季金寶地 清中期

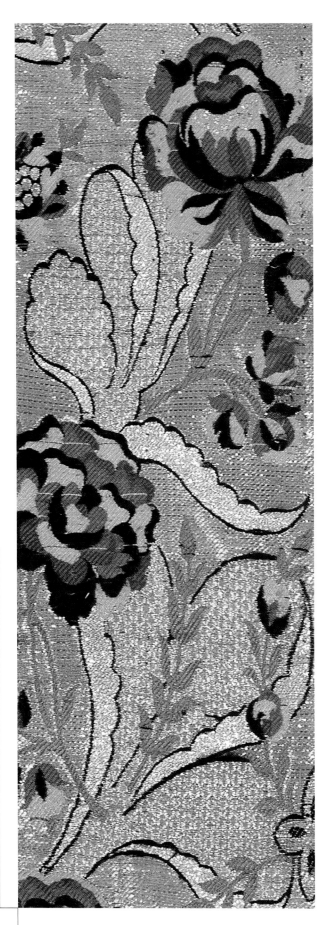

折枝月季金寶地 清中期

10

芙蓉妝 清

妝」的稱謂。以後使用這種方法妝花，儘管不用芙蓉為飾，習慣上也仍稱為「芙蓉妝」。（圖·❿）

●絢麗華美的錦

錦是多彩提花絲織物的泛稱。錦合「金」、「帛」成字，取錦「作之用功重，其價如金」之意。錦以織造技術複雜、圖案古雅，色彩瑰麗成為中國傳統絲織物中的精品。

織錦作為中國古老的絲織品種具有三千多年的歷史，其組織和紋樣一直在不斷演變。西周至南北朝時期，織錦組織是經線顯花，經線色彩一般可達五色。唐代緯錦的出現，是織錦技術的一大轉折。宋元時期織錦在圖案、組織結構和生產工藝諸方面都有所發展，逐步形成宋錦、織金錦等優秀的品種。明清時期承繼宋元以來織錦工藝的優點，進一步發展完善，以蘇州、南京、成都等地區的織錦品種尤為突出，主要的有宋式錦、蜀錦、雲錦、雙層錦等。

典雅的宋式錦——宋式錦，或稱仿宋錦，因圖案色調繼仿宋代織錦典雅的風格而得名。主要產地在蘇州。明清宋錦根據工藝的精細、用料的優劣、織物的薄厚及使用情況又分為重錦、細錦、匣錦三類。

重錦系選用優質染色蠶絲及撚金、片金線，在三枚經斜紋地組織上，由特經與紋緯交織成三枚緯斜紋花紋。質地厚重，精緻耐用，色彩層次豐富，是宋錦中最名貴的品種，多用作巨幅挂軸、各種鋪墊及陳設品用料。（圖·⓫、⓬、⓭）

細錦與重錦組織相似，但較重錦多樣化，平紋、斜紋、緞紋組織都有，並用「活色」的方法（分段變換彩緯），緯絲色彩多達二十多種。用色雖多，卻不增加厚度，沒有色條感。細錦所用絲股比重錦細，織造也較疏，薄厚適中，是明清宋式錦中應用較廣的品種。

匣錦又稱小錦，圖案多小型幾何填花或寫真型小花，用色素雅簡潔，經緯配置稀疏，質地較薄，專用於書畫、囊匣裝裱之用。（圖·⓮－1）

重錦、細錦、匣錦的使用功能各有側重，紋樣形式也各具特色。

重錦用於挂軸、卷軸等宮廷陳設品。作為純觀賞品時，其內容多是佛像、經變故事畫及花鳥畫等。用作鋪墊、靠背等宮廷日常用品時，紋樣題材多為雲龍、雲蝠、纏枝寶相等。地色以明黃、金黃、香色、大紅為主，上加鮮明的對比色，與宮廷室內環境和設施相協調。重錦匹料圖案則有錦上添花、幾何填花等。

細錦的適用性較廣，可供珍品書畫裱首、經卷裱封及做幔帳、墊面、衣料等用。紋樣也最豐富，有牡丹、菊花、蓮花、芙蓉等各類花卉，龍、鳳、麒麟等各種動物，八吉祥、八寶等器物，雲紋、水紋及幾何紋樣。幾何紋中又有大、中、小三種類型，有八答暈、六答暈、天華錦、方棋紋、鎖紋、龜背紋等等。（圖·⓯）

明清時期，宋式錦的產量較小。原因有二個；一是新產品的開發，為人們提供了更適於服用的品種；二是宋式錦古樸、典雅的風格與明清統治者追求豪華富麗的審美趣味不相適應。但是，明清時期，上至帝王，下至達官顯貴、文人墨客、富商大賈，收藏名家書畫、古玩珍寶之風盛行不衰，對最適於書畫裝裱與囊匣制作的宋錦需求不斷，並逐漸形成以宋式錦裱畫的傳統，使宋錦生產沿續至今。

和諧明麗的蜀錦——蜀錦產於四川成都，生產歷史悠長。其起源可上溯到春秋戰國時期，甚或更早。唐宋時期蜀錦生產達到極盛，在全國絲織業中一枝獨秀。南宋以後，江南絲織業不斷發展，蜀錦生產一度衰落。清代四川的絲織工藝重又興旺起來，四川織工的外流，對蜀錦工藝的恢復提高產生了一定的作用。清代蜀

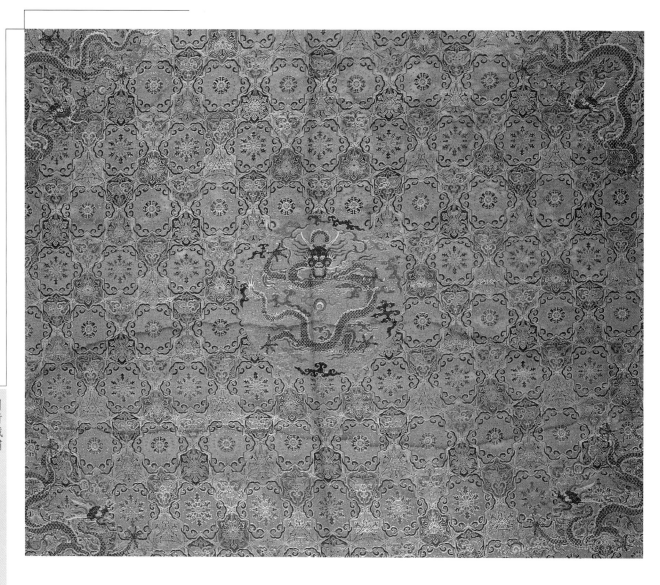

11

❶香色加金六出如意瑞花五龍重錦織成墊料

清·康熙　長124cm·寬101cm

　　這件重錦用料貴重，織造精良。以精煉染色的
各色蠶絲、片金線織造，地組織爲三枚經斜紋，
紋組織爲三枚緯斜紋。地經、地緯爲香黃色，紋
緯爲藏藍、朱紅、黃、艾綠、片金、粉紅等色。

❷游龍局部

12

夔龍鳳靈芝紋重錦織成墊面　清·乾隆

長142.5cm·寬141cm

　黃色地，中心織圓璧形圖案，內層爲如意形瑞
花，中層綠地饕餮紋，外環織夔龍紋，接柿形四
出，內織如意形瑞花，四邊爲八出夔龍鳳圖案，
四角有聯珠紋圓環，爲模仿玉器紋飾，線型流暢、
優美。

13

❶紅地鳳穿蓮重錦織成　清·道光

　長281cm·寬84.5cm

　紅色地上織纏枝蓮花，鳳翔其間。鳳爲白色，鸚鵡嘴，無頂冠，造型獨特。邊織幾何紋、欄杆紋，共五層，每層以橫條紋相隔。地組織爲三枚經斜紋，紋組織爲三枚緯斜紋，用長跑梭和短跑梭織造。

❷鳳紋局部

❸邊框錦文

14

❶米黃鎖紋赤虎匣錦　_明

❷醬色朶梅雙層錦　_明

❸烟色纏枝牡丹蓮花兩色綢　_明

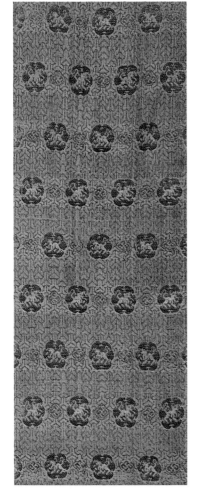

❶米黃鎖紋赤虎匣錦

❷醬色朶梅雙層錦

15

夔龍鳳八答暈天華錦織成墊料　清·乾隆

長166cm·寬184cm

此幅構圖清晰而繁複,花紋層疊相加,「米」字形的八出幾何結構中,以塡飾各種花紋的圓形爲連接點。質地緊密,牢固。

❶桃紅朵花蝴蝶紋棉錦　明

明清織繡

36

❷欄杆紋八寶蜀錦　明

17

❶織金簇花欄杆回回錦　清·乾隆

長225cm · 寬76cm

錦以浣花錦、巴緞、等較爲著名。（圖·**16**、
17）

蜀錦具有鮮明的地方特色。用色明艷、調和，
織造精緻、細密、質地軟薄，宜作衣料、被面。
其組織多以經線作地，緯線顯花，花紋以彩條
添花爲多，規整、對稱。
木紅地百子紋錦（圖·**18**）質地綿薄，有蜀錦風
格。

美如雲霞的雲錦——雲錦產於南京，因其美
如天空的雲霞而得名。相傳宋代以前即有織
造，盛於明清。

雲錦主要以緞紋作地組織，織物外觀光亮，
入手柔軟，用色濃重、艷麗，又大量使用金線，
更顯得繽紛五彩、瑰麗奪目。常用來作鋪墊、
帷幔之用。

雲錦大體包括了庫緞、織金錦和妝花三個品
種。在緞紋地上起本色花紋或其它單色花紋的
叫「庫緞」；花紋全部用金線或銀線織出的叫
「庫錦」，即織金錦。還有用少數幾色彩絨來裝
飾局部花紋使織物燦爛悅目的叫「彩花庫錦」。
妝花緞的品種我們在緞織物中已經有過介紹。

織金錦和妝花緞一樣，是南京雲錦的主要品
種。織金錦的紋樣多採用顯花效果好的小單位
花紋，即滿花或稱「遍地花」，以達到充分的顯
金效果。（圖·**120**）

明清兩代織造局使用眞金、眞銀生產織金
錦，所以在疋料的端頭織有「織造臣×××織
造眞金庫金錦」的字樣，表明爲眞材實料。據
《蘇州織造局志（卷五）·工料》所列「金鋪戶
料價」有「上用」「粗圓金一紐，淨重六分二釐」、
「官用」「赤圓金一紐，淨重五兩四錢」；「官
用」「赤圓金一紐，淨重四分八釐」等。因此，
明清兩代傳世的織金錦雖歷經數百年，至今依
然金光燦燦、光彩奪目。

雙層錦——雙層錦是一種平紋雙層表裡換層

組織的提花絲織物。多爲二色，正反面花紋形狀
相同，色彩相反。出土實物最早見於唐代，明代
遺留實物較多。《大藏經》裱封和各地明墓出土
均有不少。清代實物遺存較鮮。此錦由表裡兩
個系統的經紗分別與表裡兩個系統的緯紗交
織。外觀平整勻密，花紋精細，很少用混合色，
經密度較大，緯密度相對較小。《古今圖書集
成·方輿匯編》卷七百《松江府物產考二·布
帛屬》中有關於松江府出紫白錦的記載，當指
這種雙層錦而言。雙層錦的紋樣以落花流水、
歲寒三友、纏枝牡丹等最爲常見。在明代曾風
行一時，入清後減少。（圖·**14**-2）

織錦生產到了明清兩代，不僅織造技藝大爲
提高，花紋圖案和用色也更加豐富、巧妙。生
產地區更爲廣泛，除漢族地區外，還有衆多的
兄弟民族地區也生產各式織錦，如苗族的苗
錦、僮族的僮錦、傣族的傣錦、黎族的黎錦等，
豐富多采，各具特色。他們的產品，有時也作
爲禮物向朝廷進貢。

●采茸柔拂的絨

絨，或稱絲絨，是一種起絨織物，表面布滿
緊密的絨圈與絨毛。絨與一般織物的經緯二維
結構不同，它由挺立的絨毛（圈）與經緯平面
組成了三維結構。

絨圈的形成，古代多採用假緯（起絨杆）的
方法，使絨經與緯線交織若干緯後跨過起絨
杆，織成後將起絨杆抽出即形成絨圈。若將絨
圈割斷，絨絲就會自然聳立，成爲光潤柔綿的
絨毛。

絨的起源較早，漢代的絨圈錦堪稱絲絨的發
端。唐代有栽絨絲毯，南宋有絨背錦、茸紗，
元代有剪茸織物「怯綿里」、絨錦「納克」等。

明清時期絲絨的品種繁多，文獻上常見有「剪
絨」、「天鵝絨」、「建絨」、「衛絨」、「倭絨」等
名目。其中主要的品種有漳緞和漳絨。

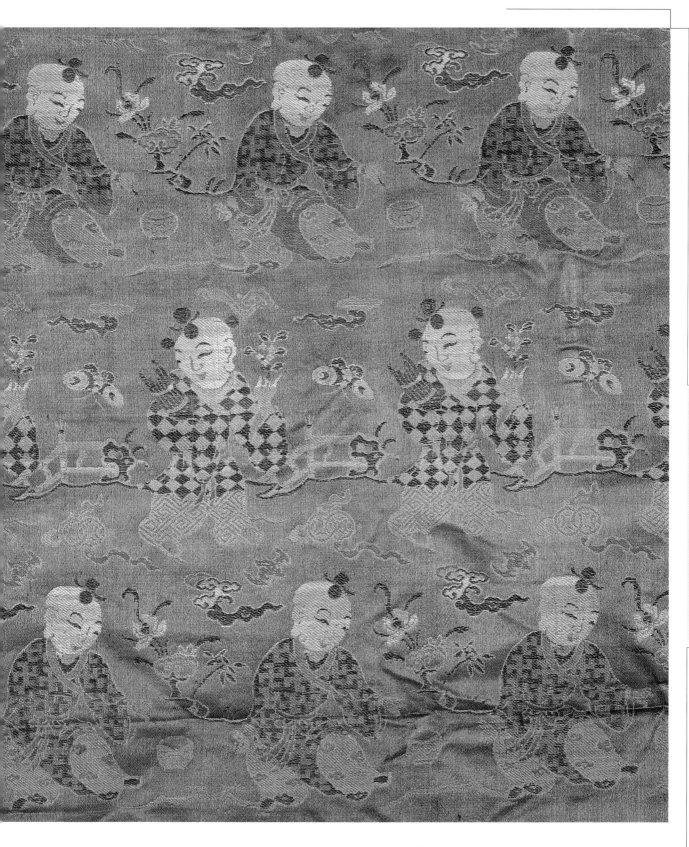

18

木紅地百子紋錦　清·乾隆

長110cm·寬138cm

　　這塊錦料質地薄軟。童子弄笙、斗蟋蟀兩種紋
樣反覆循環，上、下有萬字紋、夔龍紋和古錢紋
邊飾。

漳緞──漳緞是以緞和絨互爲花地的提花絲織物。傳說首創於福建漳州。乾隆《漳州府志》稱之爲「漳之物產」。其實這種類型的織物,明代南京已有生產。

漳緞的典型組織是以經面緞紋和杆織法經起絨組織爲花地。它包括一些非常精美的品種。如果絨經與地經同色則爲單色漳緞;絨經若採用多種色彩,則稱爲彩漳絨。在彩漳絨上,除彩緯外,再織入金線成爲金彩絨。某些品種的金線浮緯將地組織完全遮蓋,而形成紋樣背景,謂之金地彩花絨。用小梭挖花織入多色彩緯的品種則稱妝花絨緞。

清代中期織造的綠地五彩串枝牡丹紋漳緞(圖‧⑲),以七枚不規則經面緞紋爲地,具有光亮耀眼的緞效果。以黃綠、果綠、玫瑰紫、粉等彩色絨經顯花,富麗明艷,割開的絨花占了主要的部分,邊緣均爲未割開的絨圈,絨花與絨圈的光度對比,使整個畫面具有了立體的藝術效果。

這種把起絨織法應用到緞織物上,在緞地上起絨花的工藝,是明清時期南京、蘇州的工匠們智慧的創造,足以代表中國古代絲織技術的最高水平。

漳絨──漳絨係指織物全面起絨(絨毛和絨圈)的品種。有素絨、花絨之分。

素絨指全割絨而不雕花的絲織物,統幅織物上布滿聳立均齊的絨毛,表面素靜,光澤柔和,入手溫軟。

花絨又稱花天鵝絨,織物上布有絨毛和絨圈,互爲花地(圖‧⑳)。漳絨的雕花是在織造匹料之後進行的。將連有假設緯的素絨坯置於「絨棚」之上,先在毛圈上印上圖案粉痕,然後根據圖案印痕割斷部分絨圈,以絨毛和絨圈的對比形成紋樣。有時是絨毛顯花,有時是絨圈爲紋,這個雕花的過程是由略諳畫法的雕花工操作的。由於雕花絨在機上不割絨,因此織造較快,一名工匠每月可織六丈。而雕花操作則比較費時,大致每四張絨機配備一名雕花工人(圖‧㉑)。

圖‧㉒是清道光紅地織金雲龍紋漳絨織成。

由於漳絨厚薄適中,光澤柔和,觸手溫軟,受到時人喜愛。這件刺繡雲龍葫蘆褂料(圖‧㉓)就是以紅絨作地的。

此外的品種還有雙面絨。這種織物正反面都布滿整齊的絨毛,甚爲奇特。明代定陵曾有實物出土。

㈣光潔似冰的綾

綾是在綺的基礎上發展起來的,一般爲斜紋織物。《釋名》說綾「其文望之如冰凌也」。唐宋時期爲發展盛期。唐宋規定以綾作官服。元以後,生產與使用逐漸減少。明清仍有生產,質地較稀薄,一般作內衣、刺繡底料及裱裝之用。(圖‧㉔-1)

明末清初一度風行以素綾、花綾作畫寫字,清初的大書家傅山、王鐸的墨跡,常見以綾代紙,自有一番風韻,可作爲書畫斷代的標識。

㈤輕薄如空的紗

紗,古稱作「沙」,原意是疏稀可以漏沙。春秋戰國時期已有生產,是古老的絲織品種。漢唐以前的紗織物,其基本組織一般是比較稀疏,中呈方孔的平紋織物。宋代開始普遍採用絞紗和提花併用的技術生產紗織物。這種絞織的紗織物比平紋的方目紗織造起來要複雜得多,需要有提花束綜裝置與絞綜裝置相配合,二人協同操作,才能完成。(圖‧④-2)

明清時期,除繼續生產方孔紗、提花紗,還成功地生產出織金紗、妝花紗,並利用「一絞一」和平紋兩種基本組織,相互調換、搭配,創織了實地紗、直徑紗、芝麻紗、春紗和祥雲紗等多種織物。

紗,因它稀薄透涼輕盈的特點,歷來被各朝

19
綠地五彩串枝牡丹紋漳緞　清　北京故宮博物院收藏

貴族官坤用作暖季的貴重服料。湖南長沙馬王堆一號西漢墓出土的舉世聞名的素紗禪衣，衣長122厘米，兩袖通長190厘米，重僅49克，可謂輕薄如空了。明代皇帝、皇后、皇太子的禮服都用紗製作中單（內衣）。《酌中志》卷十九《內臣佩服紀略》說「自清明鞦韆與九月重陽菊花，俱有應景蟒紗」。魏忠賢（明嘉靖時宦官）擅政，「王休乾等夏穿真青油綠懷素紗，內以玉色素紗襯之，滿身活文如水之波，如木之理」，光耀射目，以此相誇耀。《天工開物・乃服・分名》說懷素紗產於閩廣。《天水冰山錄》記載，從嚴嵩家籍沒的絲織品，紗類有一仟四佰十七匹。清代宮廷中的夏裝，也有很多是用芝麻紗等紗織物製作的。

除了用於服飾外，明清時期還喜歡用直徑紗做納紗繡的底子。因為直徑紗紗孔均勻而疏朗，容易數著紗孔納繡，繡出的花紋規矩、齊整，有很強的裝飾性，是當時備受朝野歡迎的刺繡品種。遺存的實物也比較多。圖・❷是清納紗繡百子門簾局部，地子為大紅直徑紗。

紗的輕薄透氣、透明的性能與特點，直到今天還廣為大眾所喜愛。

㈥ 輕軟牢固的羅

羅是採用絞經組織的透孔絲織物。其特性與紗相似。只是由於經紗的糾絞，羅的孔眼呈椒形，所以古人有「方孔曰紗，椒孔曰羅」的說法。羅的質地亦似紗之薄軟輕盈，且牢固耐用。古人多用之作夏服和幔帳。《明史・輿服志》記載，皇帝袞服有白羅大帶，皇后常服有紅羅長裙。洪武三年，規定庶人、農人、商賈不得穿羅。《酌中志》說每年四月和九月宮中換穿羅衣。這些記載都說明羅織物在當時亦是一種高貴的服用材料。（圖・❷-2、3）

古代羅織物品種很多，有花羅、素羅之分。僅《天水冰山錄》記載的明代花羅名目就有五十五種之多。如閃色羅、織金羅、青織金妝花飛魚過肩羅、綠織金妝花孔雀女衣羅等等。

《紅樓夢》第四十回中，鳳姐把一些又輕又軟、顏色鮮艷的羅當成了蟬翼紗。賈母笑道：「那個紗，比你們的年紀還大呢。……正經名字叫作『軟烟羅』。」「那個軟烟羅只有四樣顏

20

❶褐色靈僊祝壽漳絨繡過肩雲龍襴袍料局部　清初

長172cm・寬100cm

　　這件袍料用的地子是雕花漳絨。以絨圈組成花
紋。

❷漳絨局部

　　地部是聳立的絨毛，滑軟溫潤。花部是未割開
的絨圈，別有韻致。

21

石青如意雲漳絨彩繡雲龍袍料局部　清初

上邊長111.5cm・下邊長171cm・高254cm

此件袍料為雕花漳絨，如意雲紋由未割開的絨圈組成。

22

紅地織金雲龍紋漳絨織成　清・道光

長103cm・寬68cm

中心織龍敉子圖案，有祥雲海水襯托。邊框為纏枝寶相紋。以片金線織花紋，割開的絨毛作地。質感獨特。

23

紫紅天鵝絨彩繡雲龍葫蘆裀料　清初

長133cm・寬156cm

這塊絨料是紫紅色的素絨，沒有雕花，絨毛平布、直立，手感溫軟。彩線繡成的雲龍葫蘆紋飾，風格獨特，與紅色的絨料搭配顯得貴重華美。

24

❶烟色纏枝牡丹蓮花綾　明

❷綠地四合如意雲織金羅　明

❸大紅纏枝芙蓉二色羅　明

25

納紗繡百子門簾局部　清

26
棗紅色天華紋織金綢　明

27
❶灰綠平安萬壽葫蘆形燈籠潞綢　明

❷醬色壽字紋潞綢　明

色,一樣雨過天晴,一樣秋香色,一樣松綠的,一樣就是銀紅的,若做了帳子,糊了窗屜,遠遠的看着,就似烟霧一樣,所以叫作『軟烟羅』。那銀紅的又叫作『霞影紗』。如今上用的府紗也沒有這樣軟厚輕密的了。」這種「軟厚輕密」的「軟烟羅」用來作被子,「試試也竟好」。

由此可見,紗與羅特徵相近,只是紋理、疏密有別,就連見多識廣的王熙鳳也誤把那些奇巧品種的羅識作紗了。

❼爽滑平順的綢

綢是一種平紋織物,是我國蠶絲織物中的基本品種。它的生產歷史悠久,織造相對簡單,平順滑爽,穿用舒適,四季皆宜,歷來為朝野各界廣泛使用。就連庶人、農民也可穿素綢。

《天水冰山錄》中記載明代綢的品種有雲綢、潞綢、素綢、綿綢、妝花綢、織金綢、織金妝花綢等。(圖·❶4-3、❷6)其中的潞綢是明清時期的特有品種。

潞綢因產於山西潞安州而得名。它是以桑蠶絲作經緯原料,花地同色的提花絲織物。定陵出土萬曆孝靖皇后棺內的「紅色竹梅紋潞綢」一匹,是現存的重要實物資料。此外,明大藏經裱封也保留了大量的潞綢實物。(圖·❷7)

《山西通志》記載:「潞安貢綢自明萬曆中始,後坐派八千餘匹」。潞綢是當時山西上貢朝廷的主要產品之一,數量甚大,以應宮中大量的日常生活需求。據《潞安府志》記載:明代晉南北地區,僅長治、高平、潞安三處的綢機,已達一萬三千餘台。明王朝每年從潞安一帶征派綢緞達五千至一萬匹之多,僅次於江浙地

28
緙絲雲龍袍服局部 清·雍正

通經斷緯的織造方法,對花紋中的橫線條較容易表現。斜的線條因受到了經線的掣制在不同兩色交會處產生鋸齒狀現象,為緙絲品所獨有。

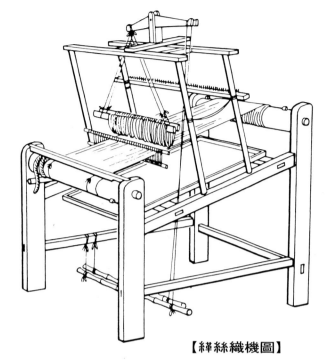

【緙絲織機圖】

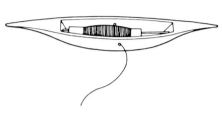

【緙絲用舟形梭】

區。潞州城「機杼斗巧，織作純麗」（郭子章《郭青螺先生遺書》卷一六），「潞綢遍宇內」（萬曆《潞安府志》卷一）、「士庶皆得衣」。時有「南松江、北潞安，衣天下」之謂。

潞綢從明代中期開始生產。這種暗花織物畢竟不如錦緞艷美，其織造又比一般素綢費時費料，銀價較高。所以，清代中期以後，潞綢逐漸爲一些物美價廉的新品種所取代。

❽如雕似鏤的緙絲

緙絲是中國絲織工藝最具特色的品種，具有獨立的觀賞價值。宋庄綽《雞肋篇》記載：「定州織刻絲，不用大機，以熟色絲經於木桱上，隨所欲作花草禽獸狀，以小梭織緯時，先留其處，方以雜色線綴於經緯之上，合以成文，若不相連。承空視之，如雕縷之象，故名刻絲。……雖作百花，使不相類亦可，蓋緯線非通所織也。」這段文字清楚地說明了緙絲的織造方法與特徵。

緙絲與織錦都是由經緯線交織而成，但織法卻不盡相同。錦是通梭織造的，組織複雜多變，

而緙絲是以平紋爲基礎組織，用「通經斷緯（又稱「通經回緯」）」的方法織造的。「通經斷緯」顧名思義，即經絲通貫，緯絲依圖形割斷或回繞。如在同一緯線位置上，據花紋所需選用不同色線，分段織入，換色時，前一種色線斷而結扣於背，下一種色線需重新起頭，另開梭口，各色之間互不相連，於是在顏色相接處便產生了「若不相連」的現象，對光觀看，有如刀鏤，「刻絲」之名由此而來。（圖・❷❽）這種織法類於妝花中的挖梭技術，但妝花的緯線不是換色即斷，背部可見各色長短不一的拋線，顯示不出正面圖形。而緙絲表與裡花紋相同，背部只是結扣多一些。（圖・❷❾）織錦的花紋呈連續性，要求圖案化較強，題材選擇受到一定限制。而緙絲的經線是無色的細絲，緯線則用較粗的彩絲，可以覆蓋住經絲，並可隨時調整線的粗細、色彩及織造密度，無論是山水人物、寫生花鳥都能隨心所欲，按照畫稿織出所需的圖樣，「雖作百花使不相類亦可」。

織造緙絲的機具，是普通輕便的平紋木機。緙織時，先在織機上裝上經絲，經絲下襯上畫

稿，織工通過經絲透視圖樣或用毛筆將圖樣輪廓直接描在經絲面上，機上放著彩色圖樣，主要靠人工雙手操作不斷換梭。因此要求織工具有一定的藝術修養，充分發揮織造技巧與藝術想像力。

緙絲的基本緙法有平緙和繞緙兩種。

緙絲的起源，一般認為主要受到了古代西域緙毛織法的影響。傳入內地後得到較大的改進與發展，至遲在唐時移為絲織，出現緙絲。在新疆吐魯番、甘肅敦煌等地都曾出土過唐代緙絲。緙絲技術在宋代已極臻完善，向觀賞品發展，如緙絲名家朱克柔、沈子蕃等摹緙的名人畫跡，達到了運絲如筆的境界。元代在西域織金技術影響下，參織金線，發展了生活實用品種，用作皇帝御服或緙織帝像、佛像。

明朝初年鑒於元製之享用奢侈，崇尚儉約，緙絲除用在勅制、誥勅、船符等小件之外，政府曾禁令生產。宣德（公元1426年）恢復緙絲生產後，設內造司，有專門管理機構負責緙絲生產。官織以外，民間緙絲生產亦有相當發展，主要集中在南京、蘇州、北京等地，姑蘇緙絲在當時頗為有名。緙絲除用作觀賞之外，使用範圍進一步擴大，如帝后百官服飾、帷幔、屏風等。（圖‧㉚、㉛）

在技法上，明代緙絲除繼承傳統緙法，創造了雙經子母經法、鳳尾戧、木梳戧、長短戧、披梭戧等新的緙法。

明代緙絲受元代流行加金織物的影響，大量緙金。一般多使用捻金線織地紋或花紋。（圖‧㉜）

明代緙絲的另一特色是常用孔雀羽線緙織主體花紋，如龍鳳等，使之愈加富麗。

圖‧㉝是緙絲加孔雀羽線雲蟒紋吉服料。蟒龍的頭、麟爪及火珠均用孔雀羽線參金線緙織。羽線特有的瑩澤與金光相映，華貴無比。

孔雀羽線是用孔雀尾翎上散著的羽絨，一根根接續並與直徑0.1毫米的棕色單股絲併合，再

以綠色絲絨線捆扎而成，製作極為精細。緞、紗、羅等織物也有加織孔雀羽線的，華麗貴重，多用作高貴的服料。

明以前的緙絲作品一般幅面較小。明中期以後織造技術進一步發展，出現了巨幅緙絲作品。故宮博物院收藏的《緙絲瑤池吉慶圖軸》高260厘米，僅畫心部分就寬達205厘米，為前代所未見。

再如明末清初緙絲百子圖帳料，（圖‧㉞）亦屬大幅，長178厘米，寬170厘米。大紅色作地，描繪兒童在山石、亭橋間的讀書、賞畫、聽琴、弈棋、採蓮、狩獵及各種遊戲活動。結構疏密有致，色彩濃麗純厚，兒童形神生動，圖案吉祥，用料緙織均精良。此幅與台北故宮所藏《宋緙絲上元嬰戲軸》情景和人物神態極為相像，如出一本。

明代緙絲設色明艷濃麗，大對比中有小調和，氣韻純厚，造型端重大氣，與宋緙的典雅清逸異趣。

緙絲鳳凰牡丹圖（圖‧㉟）是較為典型的明代作品。鳳凰一翔一落戲於牡丹叢中，姿態優美舒展，地用石青色，以深色背景突出主體，牡丹花大色艷。整體構圖緊密，造型端莊，配色大膽，豪壯奔放。

清代緙絲，除名家書畫、梵經佛像外，大量施用於服裝、室內陳設及日用品。帝后的禮服春秋季常使用緙絲料。（圖‧㊱）由於生產量大於前代，清代貴戚官宦人家眷屬也能穿用緙絲。《紅樓夢》中賈府少奶奶王熙鳳就有大紅刻絲的長衣、五彩刻絲石青銀鼠褂等。緙絲因組織結構上先天的弱點，製成衣服不耐穿用；又因其織製費工費時，所謂「婦人一衣，終歲可就」，價值昂貴，所以一般只把緙絲作為觀賞品、裝飾材料及宗教的供奉。就是穿用緙絲也主要以誇耀身份、財富為目的。

圖‧㊲的這件清代初年緙金燈籠仕女衣料，地紋全部用捻金線緙織，保留了明代用金的習

29

❶緙絲燈籠仕女袍料背面

可見清晰的圖案，色、紋與正面一致。（參見圖❸❼-2）

❷藍地妝花緞雲蟒紋袍料背面

可見挖梭產生的拋線，與錦和緙絲均不相同。

❶金地緙絲壽僊圖椅披 明末

　長161.5cm・寬48cm

　　此幅地紋用較細的圓金線緙織。緯線較粗，有
大紅、木紅、粉、白、石青、寶藍、湖藍、月白、
墨綠、淡綠、草綠、黃、醬、褐色等二十多種顏
色。紋彩艷麗、豐滿，寓意吉祥。緙法有平緙、
環緙、刻麟、長短戧等。

❷僊鶴局部

　　飛舞的僊鶴姿態優美，與壽桃相配，寓意長壽。

31

❶金地緙絲蟒鳳百花袍正面　明

身長152cm・下擺106cm・袖長96cm

　此件蟒袍爲帳幔改制。以捻金線緙地，前後身、兩袖緙蟒二隻、鳳四隻及朵雲、牡丹。蟒身翻轉盤游，極富動感。鳳作飛翔狀，姿態優美。緙法比較簡練，經密每cm20根，緯密每cm32根。

❷背面

慣。柿蒂內以花燈、仕女作主景，點綴湖石、花卉，仕女均著漢裝，上衣下裳，長裙及地，手執珊瑚、寶瓶等雜寶及朵花，娉婷婉麗。柿蒂外織出規則的折枝牡丹、梅花，色作五彩。按古時應節而衣的習俗，此應爲元宵節穿的燈景女衣。

清初緙絲雲蟒紋帳料（圖・❸❽）、清中期緙絲龍鳳雲水帳沿（圖・❸❾）和清康熙緙金雲龍寶相椅被（圖・❹⓿）均是生活中的實用品種。

清中期出現的「三色金」緙法，是用赤圓金、淡圓金和銀線在深色地上緙出花紋圖案，花紋閃亮耀目。清晚期又流行「三藍緙」和「水墨緙」。「三藍緙」是用深藍、品藍、月白三色搶緙成各種花紋，用白色或金線勾邊，清逸雅緻。「水墨緙」是用黑色、深灰、淺灰三色褪暈，以白色或金線勾邊，典雅文靜，具有時代特色。

清中期宮廷陳設的插屏，挂屏緙絲，使用一種加毛工藝。即將鳥羽用特殊方法拈成線用來緙織花鳥、山水等主體花紋，地紋還用絲織，增強了花紋的質感。一般緙絲在織造時將圖樣豎放，而緙織加毛的作品是將圖樣橫放，成品的織紋沿豎向顯花，花紋凸出，有強烈的立體感。圖・❹❶清乾隆緙絲花鳥屏心就使用了加毛工藝。花鳥、山石都用毛緙，花紋生動，別具風格。圖・❹❷的緙絲花鳥圖也採用了這種工藝。

觀賞性作品如這幅緙絲讀書圖（圖・❹❸-1），爲清初作品，構圖簡練，使用了平緙、鳳尾戧木梳戧等緙法，人物眉目、樹節等處加筆添染。構圖簡練，配色清雅，意境樸簡深幽，頗得繪

──32──
紅地緙絲雲龍寶相椅披　明
長170cm・寬48.3cm

這件椅披圖案寓意祥和，色彩鮮艷明快。使用了平緙、環緙、刻麟、長短戧、子母經等緙法，緯絲較粗，弱捻，經密每cm16根，緯密每cm28根。龍紋用捻金線緙織。

33

❶藍地緙絲加孔雀羽雲蟒紋吉服料織成 清・康熙

長238cm・寬124cm

這件袍料爲寶藍色地，蟒紋與火珠由孔雀羽線
參織金線而成，瑩光閃動。孔雀羽線與綠色絲線
纏繞，由於羽絨短而硬，纏成的羽線不斷有
絨毛岔出，織出的成品表面遂產生不均勻的
聳立的絨毛，並閃出瑩光，極爲美麗，突出
於其它色線。

❷局部

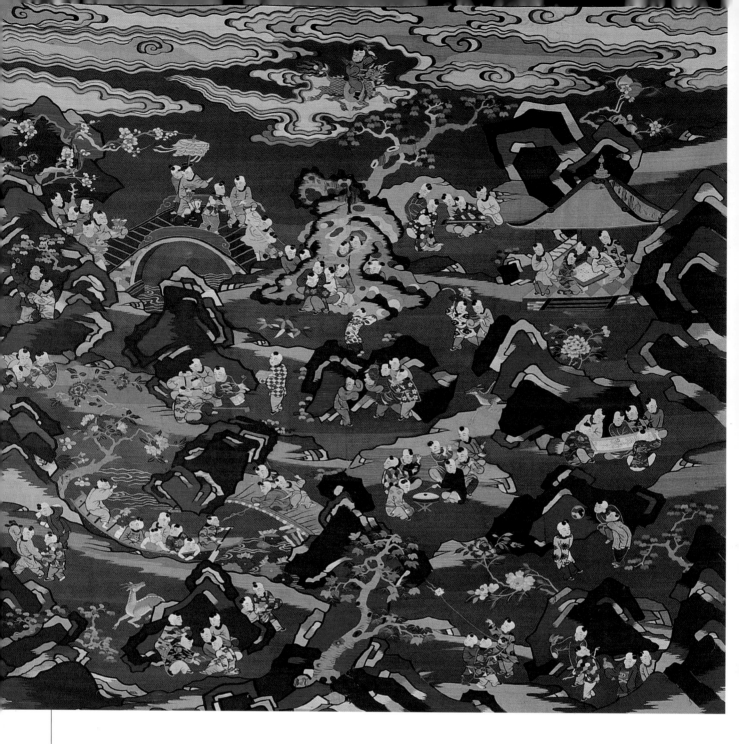

❶紅地緙絲百子圖帳料　清初

長178cm，寬170cm

　　整幅作品緙織有麒麟送子、琴棋書畫、放風箏、捉迷藏等20個場景。長短戧、鳳尾戧的緙法具有明代特徵。除使用大紅、橘紅、木紅、粉、石青、寶藍、淺藍、月白、墨綠、草綠、黃綠、黃、褐、香色、烟色、醬色等四十多種色線外，還使用了圓金線、孔雀羽線及合色線。經密每cm35根，緯密每cm30根。緙織緊密、平整、精細，技藝高超，為難得之珍品。

❷撫琴

　　老樹下六名童子席地而坐，撫琴聽琴，神情專注。其中穿球紋錦衣的童子目眺前方，面帶笑意，右手置於膝上，正隨音樂的節奏輕輕拍擊，似乎已完全被優美的琴聲所陶醉。

❸擊鼓

　　童子神態活潑，分作擊鼓、吹笛、擊鈸等狀，歡快喜慶。

❹賞畫

　　幾名童子展卷觀畫，深深為畫中景物所吸引。兩名持畫童子的衣飾華美。衣上的仙桃、佛手紋是用捻金線緙織的。畫中景物也用白色、黑色的絲線一筆一筆的緙出，如真畫一般。

❺讀書

「萬般皆下品，惟有讀書高」。古人以飽讀詩書、做文人士子爲人生第一追求。這個群童讀書的場景，正表現了這方面對子孫後代的殷切希望。

❻舞獅

兩名童子扮作獅子，其它童子敲鑼、擊鼓做傳統獅舞遊戲。獅子皮是用孔雀羽線緙織。

❼奕棋

涼亭下四名童子環桌而坐下圍棋，一名童子抱柱凝思。琴、棋、書、畫都是高雅的文娛活動，也是百子圖中常用的題材。整幅作品使用的絲線色彩純正、多樣，雖歷三百餘年仍色艷如新，表明當時的染色技術之發達。

畫之精神。

　　清代緙絲以乾隆一朝所作最多，緙工細緻，花紋緟麗。對於三朝宸翰，高宗御筆，製爲緙絲保存下來的很多。（圖·⑭）

　　乾隆以後，緙絲加繪的用法日漸增多，清晚期的緙絲群仙嬰戲大吉掛屏（圖·⑮）中人物的衣紋、鬚髮等多處都係墨彩描繪。明代曾在繪畫性緙絲中加有少量繪畫，對配景用毛筆點染敷彩，主要是爲增加畫面的效果。清末加繪手法的使用是以減工省料爲目的，有些作品甚至只緙織花紋輪廓，主景、配景都用彩筆描繪，宮廷用品亦如此。清道光緙絲瑤池吉慶圖（圖·⑯）也較多地使用了繪畫手法，但能夠結合畫面內容，描畫有度。人物神態安閑，衣帶飄拂，再襯以僊山樓閣、古樹祥雲，儼然一派神僊境界。

　　緙絲以它通經斷緯織造過程之繁難；隨心所欲表現手法之絕妙；金絲承翠羽用料配色之華貴；如雕似鏤藝術效果之奇特；使其成爲最富有藝術性和觀賞性的品種，堪稱各類織物之冠，令以富麗華彩著稱的織錦也爲之遜色。故其成品極爲名貴，不僅豪富官坤爭相寶之，就連清宮廷亦把歷代遺傳的緙絲作品作爲皇家秘藏注錄於冊。更有清末民初人士朱啓鈐先生窮畢生之力對緙絲進行蒐集研究，傅之後世。緙絲不愧爲民族藝術奇葩，足以光耀世界藝術之林。

35

緙絲鳳凰牡丹圖　明

長135cm・寬136cm

　　此幅緙工精細，使用了平緙、環緙、子母經、木梳戧、鳳尾戧、刻鱗等緙法，局部用撚金線勾邊。經密每cm28根，緯密每cm16根，緯線雙股並用。織作緊密，均勻。

36

明黃緙絲五彩雲幅卍金龍十二章吉服袍　清·同治

身長160cm·下擺124cm

　　此件紋飾繁密，緙工複雜。以明黃卍字方格十字花紋作地，上緙金龍、十二章、雲蝠、海水江崖紋等。

37

❶金地緙絲燈籠仕女袍料　清初

長179cm·寬133cm

　　這件袍料為前開對襟式，寬袖，是漢裝樣式。以捻金線緙地，金線直徑0.2㎜，華麗貴重。色緯捻度較強，雙股並用，經密每㎝16根，緯密每㎝42根，緙工精緻，質地緊密。色彩過渡和諧，華而不俗。紋樣設計更是別具匠心，既典雅又不失活潑，可作為明末清初高貴的緙絲服料的代表。

❷仕女局部

　　仕女衣裳的顏色變化豐富，樣式也不相同。她們或手持雜寶瑞花，或作祈禱狀，姿態嫻雅、美妙。

❸燈籠紋

　　作葫蘆形，內有富貴如意，萬年如意等吉祥圖案，兩邊垂掛葫蘆、雜寶瓔珞，祥瑞喜慶。

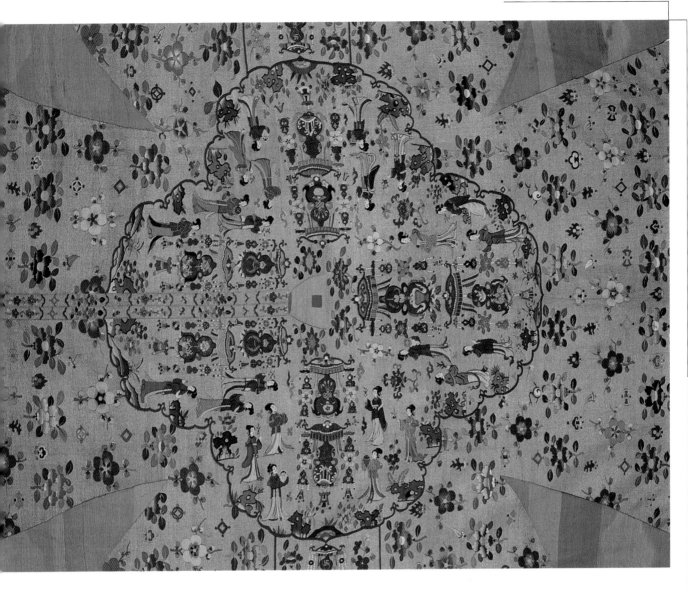

38

❶紅地緙絲雲蟒紋帳料 清初

長159cm・寬164cm

這件帳料由兩塊拼成。中間織一條正蟒，周圍四條游蟒環繞。上部爲五彩流雲紋，下部緙山海雜寶、如意雲紋。並以四合雲紋織於蟒紋周圍，烘托出神界氣氛。設色受明代影響，對比強烈、明快。緙法簡練，用料精良，質地薄軟。經密每cm14根，緯密每cm30根，緯線雙股合捻，均勻緊密，緙技高超。

❷蟒紋局部

蟒紋用捻金線緙織，作戲珠狀，姿態靈動。

39

❶紅地緙絲五彩龍鳳雲水帳沿　清中期

長207cm．寬100.05cm

　　這也是一件較大幅的緙絲。雖爲生活實用品，
但作工精美亦有裝飾功能。環繞龍鳳的雲紋是典
型的清代「骨朵雲」的造型，較爲細瘦。與明代
豐滿的如意雲紋相異。緯線雙股倂用，緙織緊密
平整。

❷鳳紋局部

　　鳳的姿態優美，色彩明亮鮮艷。鳳冠用孔雀羽
線，喙及雙足用撚金線，其它部分亦用金線勾輪
廓。翅膀處還使用了雙色四股合撚線，突出羽紋
效果及質感。

40

金地緙絲五彩雲龍椅披 清・康熙

長171cm・寬58cm

　這件椅披以捻金線緙地，上首織五彩雲鶴、正龍紋。坐面柿蒂形開光內織寶相蓮紋，蒂外為雜寶，暗八僊。下首緙如意瑞馬、山海紋。邊框為金線、孔雀羽線、十字紋。緙工細密，質地平軟，用料精貴，是高檔的生活用品。

41

❶緙絲加毛花鳥竹石屏心　清·乾隆

長65cm · 寬97.5cm

　　此幅地紋用牙色緯絲緙織，經密每cm22根，緯
密每cm20根。竹石、花鳥部分使用了緙毛工藝，
加毛部分質地粗糙，緯絲粗細也不太均勻，織出
的花紋凸於地紋，緯密每cm30根，經密每cm16根，
有很強的立體感。

❷花鳥局部

　　花鳥紋樣生動寫實，有西洋繪畫風格。

42

緙絲加毛富貴白頭圖　清・乾隆

長85cm・寬51.5cm

　　這也是一幅有強烈寫實風格的緙毛作品。兩隻白頭鳥在盛開的牡丹叢中憩息私語。山石、花鳥的加毛部分織紋突出，別緻新穎。地部經密每cm 16根，緯密32根。加毛部分經密每cm18根，緯密34根。

43

❶藍地緙絲讀書圖　明末清初

❷藍地緙絲漁樂圖　明末清初

長87cm・寬25.7cm

這是兩幅優秀的緙絲作品。人物形象質樸，構

圖簡練，意境深遠，深得繪畫之精神。緙絲粗而
弱捻，密度每cm26根，經密24根。使用了鳳尾戧、
長短戧、平緙繞緙等緙法，人物的眉目、頭髮、
樹疤等處使用了墨筆加繪。《漁樂圖》中的漁具則
用粉黃和灰色兩色合捻線緙織。

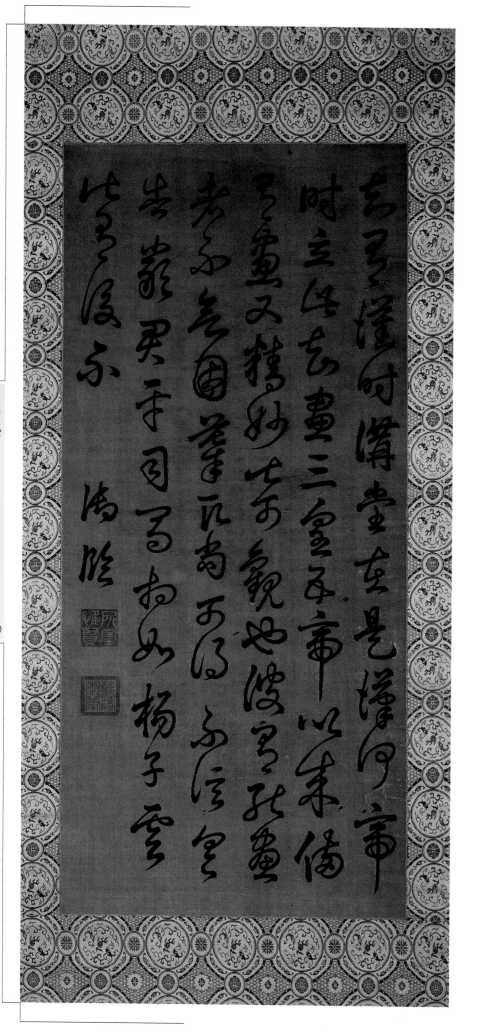

44

緙絲乾隆御筆詩翰軸　清·乾隆

長103.5cm·寬48cm

此幅所緙為清乾隆皇帝弘曆御筆行草書詩。緙工精緻，字體的行轉勾拐 等與墨 筆書法別無二 致，形神兼備。緯線雙股併用，密度為每㎝40根， 經密每㎝18根。質地縝密、平妥。

45

緙絲群仙嬰戲大吉掛屏　清

長130.5cm·寬63cm

在藍色的背景上，一隻繫著彩帶的金地大葫蘆 立於木架之上，葫蘆內有二組人物。上部為八仙童子，八名兒童手持八仙寶器；下部十位僊人各持珊瑚、海螺等寶物。圓心部位用金、銀線緙「大」、「吉」兩字，有軟羅鈿效果，閃出多種顏色。人物面部、衣飾只緙出輪廓，眉目、衣紋均用筆繪。

46

● 緙絲瑤池吉慶圖　清・道光

長317cm・寬143.5cm

───────

　這幅清晚期的緙絲作品，結合畫面內容，多處使用了繪畫手法。

❷ 八僊局部

───────

　可清楚地看到加筆部分、松樹枝幹、針葉，人物衣飾、眉目、鬚髮等。

❸ 西王母

刺繡與印染

刺繡與印染是兩種不同的工藝，既有相同的特徵，又各具鮮明的自身特點和藝術特色。

刺繡與印染同是在經過織造過程所產生的織物上，如綢、紗、緞、布等進行再創作。它們必須依靠織物為母體，在織物上製作花紋、圖樣。刺繡是利用經過染色的絲線，運用千變萬化的針法繡制花紋。印染則是利用染料通過刷染、纈染、臘染等不同方法顯現花紋圖案。印染還包括為絲線和織物通身染色。

明清時期這兩項工藝都取得了極大的成就。高度發達的染色技術，生產出色彩繁多、鮮艷牢固的絲線，是刺繡產生絢麗色彩效果的不可缺少的物質前提。

刺繡作為國粹是值得我們引為驕傲的藝術。它經過歷代的發展創新取得了無比輝煌的成就。顧繡和蘇、湘、蜀、粵四大名繡作為明清時期的著名品種，其作工精益求精，品位高逸雅俊，藝術上更是出神入化，美奐絕倫。

印染，尤其是印花布，則以其工藝簡單，產量宏富，造價低廉的優勢，在美化社會環境和滿足廣大民眾的日常需求方面作出了無與倫比的貢獻。

●刺繡

古人以錦繡喻示世間一切美好的事物，如錦繡河山，錦繡前程。其實，錦、繡代表兩種不同的技藝。錦是憑借機械運用手工操作，靠彩色經緯的交織顯現絢麗的花紋。而繡則純粹是一種手工藝了。它的顯花與織錦不同。它是用繡針引彩線，在繡料上穿納，以凸出的繡跡纂組構成優美的花紋、圖像和文字。

刺繡，俗稱繡花，古代稱為「針黹」、「文繡」，因多係婦女所為，所以又叫「女紅」，是我國古老的手工藝術之一，其歷史曠遠綿邈。根據《尚書》、《周禮》等古籍記載，刺繡的起源可以追溯到虞舜時期。當時刺繡是被用為政治的輔助工具，將不同的色彩、花紋運用繪畫和刺繡的

手段，施諸衣服，以示尊卑等威。

刺繡對於工具的要求是很簡單的，祇要有繡棚和繡架，幾根粗細不同的繡針和一把小巧而鋒利的繡剪就可以了。繡線一般是經過染色的絲線，繡料是由絲、麻織染成的絹帛，比起織錦的製作來，刺繡要便利普及多了。

刺繡作為一個獨立的工藝品種，因它獨特的質感，爛漫的色彩，生動逼真的形象，靈活多變的針法及製作的簡便，在中國流行數千年而不衰，甚至蜚聲國際。刺繡品「大而施之廟堂，小而飾之鞶帨」，「取材極約，而所用甚廣」，社會生活的諸多方面，都有施用刺繡的痕跡。

刺繡的針法也在數千年的流變中不斷豐富。早期的針法主要是鏈式鎖繡，如辮子式的繡跡勾勒出花紋輪廓，面的表現很少，針法簡單。泊至兩漢發展了打籽繡、鋪絨繡。魏晉南北朝時期佛教傳入並興盛起來，教徒以一針一線纂繡佛像、佛經，以表達虔誠和崇敬，佛事刺繡成為主流，並在唐代達到顛峯。「平針」繡法的使用，豐富了刺繡的表現手段，表達出全新的境界。迨及宋代繡技針法基本完善，發展了「接針」、「施針」、「刻麟針」、「拋針」、「扎針」、「旋針」等針法，並在用途上分化為欣賞性畫繡和實用性刺繡兩大支脈。

畫繡的出現，標誌著刺繡作為一門獨立的純粹藝術形式的確立。刺繡由實用、裝飾功能發展漸進到藉多彩的繡線和變幻無窮的針法這種獨特的藝術手段，狀物寫情，抒發心靈感受和對美好生活的憧憬。儘管在選題、構圖和意境上受到中國傳統繪畫的深刻影響，但它帶給觀者的審美感受卻與繪畫迥然不同。絲的華美妍麗，凸於繡料如淺浮雕般的圖形和富有韻律感的針跡，創造出一種繪畫不及的意趣。

董其昌在《筠清軒秘錄》中這樣評價宋代刺繡：「宋人之繡，針線細密，用絨不止一、二絲，用針如髮細者為之，設色精妙，光彩射目，山水分遠近之趣，樓閣得深邃之體，人物具瞻眺生動之情，花鳥極綽約嬌唉之態，佳者較畫更勝」。

❖畫繡與顧繡

明代畫繡的製作日益普遍，隨之出現了各具藝術特色的流派，如南繡、北繡、顧繡、京繡等等。這其中成就最高影響最大的當屬顧繡，堪稱畫繡中之代表。

顧繡由明朝嘉靖年間進士顧名世之內眷繆氏所創。顧氏曾筑露香園於上海九畝地，故世稱其家刺繡為「露香園顧繡」或「露香園繡」簡稱「顧繡」。它是從民間刺繡發展而成的一種高雅精絕的閨閣藝術繡。據明版《松江府志》載：「顧繡作花鳥、香囊人物，刻畫精巧，為他郡所未有。」又《墨緣錄》謂顧繡「劈絲配色，別有秘傳，故能點染成文，作山水、人物、花鳥，無不精妙。」姜紹書《無聲詩史》說「刺繡人物，氣韻生動，字亦有法。」清同治《上海縣志》記述「顧太學家，工針，繡八駿圖，雖子昂用筆不能辨，亦當代一絕。」又「顧廷評家多姬妾，織紝刺繡冠絕天下，廷評婢繡停針圖，窮態極妍。」

顧家自繆氏以後，刺繡名手輩出，如顧名世曾孫女張來妻、顧會海妾蘭玉等，逐步形成家族傳統，世代相襲，到清嘉慶時猶未衰歇。其中顧名世次孫媳韓希孟技藝超群，堪稱顧繡之冠冕。韓希孟名媛，通於六法，工畫花卉，刺繡更精。其夫顧壽潛受教於明季畫壇巨擘董其昌，書畫兼工。夫妻二人一畫一繡，相輔相諧。韓媛刺繡浸染畫理，常摹古人書畫入繡，且針不及處以畫補，畫繡結合，相得益彰。因號「韓媛繡」。

韓氏曾於崇禎七年（公元1634年）搜訪宋元名蹟，摹繡《洗馬圖》、《百鹿圖》、《女后圖》、《米畫山水》等八種匯作《宋元名跡方冊》（圖·❹❼），轟動一時。董其昌觀後推許備極，驚嘆道：「技至此乎？」並逐幅題字，賞讚有加。

47
顧繡韓希孟宋元名跡冊·洗馬圖

稱其繡馬如「籋電追雲，萬里在目」；繡米畫山水如「絲墨盒影，山遠雲深」、「夜來神針」。繡百鹿「含玉獻瑞，咸具靈意。」真正繡出了畫之精髓，「慧指靈孅，玄工莫狀」、「璀燦五絲，照耀千古」。

顧繡的著名，得於其繡工的出色和繡法的獨具一格。賞析顧繡作品，可見如下特徵：

摹繡書畫——顧繡多選擇宋元及當世名家畫跡爲繡稿，山水、花鳥、神仙、人物皆能入繡，曰「繡畫」。

畫繡結合——爲追摹繪畫效果，人物衣錦的底色、肌理、雲霧、遠山等，用墨彩接色。有借色與補色兩種方法。借色是先在底料上著色，然後在色底上加針。如人物鬢髮，先以墨色打底，再用絲線施繡，並微留空隙，以增加質感。補色則爲繡好後加色。如衣飾，先繡出輪廓，折皺處以色補染。如遇大面積的天空、坡石，甚至以繪代針，以色代線。

針法豐富、多變——顧繡吸收前人刺繡菁華，並創用新針法，自成體系。常用針法有齊針、補針、打籽、接針、攬和針、單套針、雙套針、網繡等十餘種。能依據物象肌理變化而靈活恰當的使用。

設色用材，仿摹自然——顧繡採用表現自然色彩的中間色調的繡線，也用合線法，將不同色相或相同色相而深淺有別的色線併合使用，造成視覺上的混合而產生新的色相，以擬合畫稿中山水人物蟲魚花草層次豐富的色彩效果，爲宋繡所未見。同時線材的選擇突破以往只用蠶絲繡線的常規，選用真實材料。如繡蒲團用富席草，繡鬢髮用頭髮，使繡品逼真生動，真偽莫辨。劈絲更爲纖細，有時一線劈成十多根，侔於毫髮，以求繡品細膩真實。

顧繡的鼎盛期爲明萬曆～崇禎（公元1573～1643年）時期。清中葉以後，工巧漸不如初，以畫代繡者漸多，顧繡也由初期的閨閣繡嚮商品繡過渡。（圖·❹❽）

顧繡技法洗練，運針嫻熟如筆，配色優雅，藝術風格受到松江畫派的影響，既有文人畫的意趣、韻緻，又有女性的靈慧、清淑，實是我國刺繡藝術中的楚翹。

顧繡藝術風靡全國，影響長達三百年之久。

海屋添籌數三公
住可期

48

顧繡海屋添籌圖 清

長121cm・寬142.8cm

這是一幅清中期的顧繡作品。
其時顧繡已漸衰落，但從此幅中
仍可見其典型風格。山石只繡輪
廓，皴苔皆用墨筆，水波染色，
樹幹也有著色。繡法簡練，真實
感強，針法多變。

有清一代，在整個長江下游地區，大凡經營絲織刺繡品，無論官營私營，都冠以顧繡之名作為標榜，招攬生意。清代四大名繡除粵繡以外，均對顧繡有所師承，也可看作是顧繡的衍演派生。

❖畫繡的形成與發展

作為一種文化現象，畫繡的形成與發展，有其深刻的社會背景。

紡織刺繡，古人稱為「女紅」、「女功」、「女工」。《禮記・郊特牲》曰：「黼黻文繡之美，疏布之尚，反女功之始也」。宋以前，紡繡之業作為婦女的傳統手工藝勞動，主要服務於政治、宗教和經濟。《尚書・虞書》記載：「予欲觀古人之象，……絺繡以五采，彰施於五色，作服，汝明」，繪繡花紋於衣裳，以別尊卑；《管子》則記伊尹以「女工文繡，纂組一純，得粟百鍾」，以女工製作之文繡綢絹，換及穀物；又《華亭縣志》說鄉村婦女「以織助耕，女紅有力焉。」有關佛事刺繡的記述也很常見，如《杜陽雜編》記南海奇女盧媚娘，曾於尺幅之上繡《法華經》七卷。此等皆未脫實用之目的。

隨著繡技的提高及針法表現愈來愈豐富，唐時已有表達審美意境之萌芽。這種對審美的追求在五代得到發展。通過針法的豐富與運用，尋求真實與趣致的表現。北宋文化的興盛，文學、理學、繪畫，尤其是院體畫派花鳥諸家，黃居寀、趙昌、崔白等人寫實的畫風，為刺繡擺脫實用目的，發展為一種純粹藝術，提供了土壤。

宋人開創的觀賞性刺繡——畫繡藝術，將刺繡帶入了嶄新的表現領域，寫情狀物，不輸翰墨。後人予以高度評價「宋之閨繡，畫山水、人物、樓台、花鳥，針線細密，不露邊縫，其用絨一二絲，用針如髮細者為之，故眉目畢具，絨彩奪目，而豐神宛然，設色開染，較畫更佳。」

畫繡的成熟在宋代，而它作為一種藝術活動的蓬勃發展卻是在明中葉以後。

宋明以來理學的興盛，對婦女德行的規範愈加嚴格。女紅之藝，作為閨閣女子必修的日課，甚至成為衡量婦德的一條標準。作為女子可以不識字，但不可以不會織繡。《紅樓夢》第九十二回賈母說「女孩兒家認得字呢也好，只是女工針黹倒是要緊的」便是這種觀念的代表。乾隆《潮州府誌》記載「凡女十一、二歲，其母即為預治嫁衣，故織紝、刺繡之功，雖富家不廢。」作為婦德修養，習繡是不分貧富的。略有不同的是，貧家女子把刺繡當做生活的基本技能，用以補貼家計。而富家女子自不會把刺繡作為謀生手段，但對日後的主持家政卻不無幫助。如賈母所說「咱們這樣人家固然不仗著自己做，但只到底知道些，日後才不受人家的拿捏」。除此以外，刺繡於她們還是一種消遣的玩意兒及高雅的文化活動。明清小說戲曲中常有婦女以刺繡自娛情節的描寫。《紅樓夢》第四回寫道：「寶釵日與黛玉迎春姊妹等一處，或看書下棋，或做針黹，倒也十分樂業」。賈府從太太、小姐到丫頭，都喜歡在空閑的時候描花刺繡。就是曲院名姬對針藝亦不敢廢，以此作為提高自身素養，躋身上流社會的一種資本。《影梅庵憶語》記載秦淮名妓董小宛「神姿艷發，窈窕嬋娟，無出其右，其針神曲聖，食譜茶經，莫不精曉」。由此可見，刺繡活動在明季婦女中之普及和「針神」於婦女之重要。顧繡正是在此背景下形成的。

畫繡的創作需要三個基本條件：一要有好的畫稿，二要有高超的繡技，三要有超逸脫俗的文藝修養。能夠具備這三個條件的當時多是那些生活優越的名媛閨秀。《絲繡筆記》和《女紅傳微略》載錄的明清著名閨繡能手有七十多人。分佈在浙江、江蘇、北京、河南、山東、上海、皖、湘、涼州等地，以江蘇居多。如韓希孟、邢慈靜、倪仁吉、黃漢宮、袁九淑、安徽、陳芸、王瓊、丁佩及董小宛、薛素素等。

她們中多數受過良好的教育。擅長詩書，通曉畫理，深有文藝修養，並受過系統的刺繡訓練。她們創作的繡品，多以名人畫跡為本，或取自然景物自己設計，是為移情遣興之作。後人謂之「閨閣藝術繡」。

創作一幅畫繡作品，同繪畫一樣，也有選材、擇時、審理、度勢、裁剪諸種步驟。明顧壽潛跋其妻韓希孟宋元名蹟方冊，說：「余內子希孟氏，別具苦心，居常嗤其太濫。甲戌春，搜訪宋元名蹟，摹臨八種，一一繡成，彙作方冊。觀者靡不舌撟手舞也，見所未曾，而不知覃精運巧，寢寐經營，蓋已窮數年之心力矣。」又「寒銛、暑溽、風冥、雨晦時弗敢從事，往往天晴日霽，鳥悅花芬，攝取眼前靈活之氣，刺入吳綾」。這種嘔心瀝血，殫精竭智的創作過程，往往勝於畫家的濡筆揮毫。

《紅樓夢》第五十三回中描繪了這樣一件藝術繡作品——瓔珞。賈母花廳裡「一色皆是紫檀透雕，嵌著大紅紗透繡花卉並草字詩詞的瓔珞。原來繡這瓔珞的也是個姑蘇女子，名喚慧娘。因他亦是書香宦門之家，他原精於書畫，不過偶然繡一兩件針線作耍，並非市賣之物。凡這屏上所繡之花卉，皆仿的是唐、宋、元、明各名家的折枝花卉，故其格式配色皆從雅，本來非一味濃艷匠工可比。每一枝花側皆用古人題此花之舊句，或詩詞歌賦不一，皆用黑絨繡出草字來，且字跡勾踢、轉折、輕重、連斷皆與筆草無異，亦不比市繡字跡板強可恨。他不仗此技獲利，所以天下雖知，得者甚少，凡世宦富貴之家，無此物者甚多，當今便稱為『慧繡』。……偏這慧娘命夭，十八歲便死了，如今竟不能再得一件的了。凡所有之家，縱有一兩件，皆珍藏不用。有那一干翰林文魔先生們，因深惜『慧繡』之佳，……將『繡』字便隱去，換了一個『紋』字，所以如今都稱為『慧紋』。若有一件真『慧紋』之物，價則無限」。

《紅樓夢》的寫作年代去韓希孟的時代不過八、九十年。這一段文字真實形象地記述了閨閣藝術繡的創作與特徵，作者和收藏情況。

明代中葉以後，在經濟發達的江南地區，繪畫在士大夫及職業畫家家庭的婦女中的普及程度遠遠超過前代。婦女繪畫修養的提高對閨閣繡藝術風格的形成產生了重要影響。這些名媛閨秀深受士大夫生活方式、審美趣味的侵染，其畫繡作品基本遵循文人畫的形態樣式和審美追求，以針代筆，以縑素為紙，以頭髮、絲線為墨彩，把自己的憂思情愁寄托在刺繡的千針萬線、千絲萬縷之中，細膩生動，靈慧嫻雅，堪稱「閨閣中之翰墨」，深得文人士大夫的推許。姜紹書《無聲詩史》評顧繡「刺繡人物，氣韻生動，字亦有法」。董其昌稱讚韓媛的作品「針絲生瀾，繪之王會」、「璀璨五絲，照耀千古」、「嘆以為非人力也」。更有士子文人雅好此藝，投師學繡，不以「女工」而祛為之。說明刺繡已被文人士大夫作為一種藝術活動重視了。

畫繡由閨閣之戲形成為藝術門類，除得到文人推許，也賴以明季經濟的繁榮和收藏熱潮的推動。明中葉以後，資本主義生產關係的萌芽和商品經濟的發展，給江南帶來了空前的經濟繁榮，為文化的興盛奠定了雄厚的物質基礎。財富的巨大集聚，商人階層的驕奢淫靡和士子文人的追求風雅使社會上出現了收藏熱潮。閨閣藝術繡細膩優雅，兼有文人畫的趣致與女性的清淑，氣質獨特，成為時人爭相賞玩收藏的對象。如顧繡「價亦最貴，尺幅之素，精者值銀幾兩，全幅高大者，不啻數金」，時顧家每繡成一幅作品，就四方風動，遠近爭購。至清嘉慶時，存物已是寥如星鳳，珍若瑝璧了。《紅樓夢》中提到的「慧紋」，「賈府之榮，也只有兩三件，上年將那兩件已進了上，目下只剩這一副瓔珞，一共十六扇，賈母愛如珍寶，不入在請客各色陳設之內，只留在自己這邊，高興擺酒時賞玩」（《紅樓夢》第五十三回）。足見其珍

貴。

畫繡的創作在明清之季得到長足的發展。湧現出許多刺繡能手。除前已提及者外，清晚期的兩位名家以其對刺繡藝術的理論性研究和高超繡技，推動了畫繡的發展，功標繡史。

丁佩，活動於清嘉道年間。她把前人和自己的刺繡經驗進行歸納研究，著成中國刺繡史上第一部學術專著《繡譜》，於道光元年(公元1821年)刊行。全書共計兩卷，分擇地、選樣、取材、辨色、程工、論品六章，對刺繡藝術作了精闢論述。她認為紋樣佈局必須「於平妥中求抑揚之致，於疏朗中求顧盼之姿，於繁茂中求玲瓏，於工整中求活動。務使寸練具千里之觀，尺幅有萬丈之勢。」要求刺繡在有限的篇幅中，表現出無限的藝術境界。丁佩還對刺繡紋樣的造型和藝術品評的標準提出了自己的見解。對刺繡理論的發展，作出了重要貢獻。

清末另一位刺繡家沈壽（公元1874年～1921年）也取得了卓越的成就。她創立的「美術繡」為中國刺繡的發展開拓了新的領域。

沈壽，原名雲芝，字雪君，出身於江蘇吳縣閶門一個古董商之家。七歲起從姐姐沈立學繡，十二歲時即把沈周、唐伯虎等名家繪畫仿繡得維妙維肖，繡藝高超，聞名鄉里。十六歲時與浙江紹興舉人余覺結婚。余覺能詩善畫，二人畫繡相輔，雲芝繡藝愈益精湛。光緒三十年(1904年)，由余覺構稿，雲芝等人刺繡的《八仙慶壽》通景屏風進獻宮中以賀慈禧太后七十壽辰，在眾多的繡品中獨占鰲頭，尤為慈禧讚賞，親書「福」、「壽」二字，分賜余覺夫婦，還命商部獎給二人雙龍寶星四等勛章，雲芝自此更名沈壽。此後沈壽擔任了農工部女子繡工科總教習，並去日本考察美術。歸國後沈壽受到攝影、油畫的啟發，創新針法，創造了「美術繡」。她用這種新的繡法，以鉛筆畫為稿本，繡製了《意大利帝后像》，由清廷作為國家禮品送給意皇和皇后，轟動了意大利朝廷。意帝回

贈沈壽一枚「鑽石時針」，贈清廷一枚最高級的「聖母利寶星」。1915年，沈壽以油畫稿本繡的《耶穌像》，在舊金山巴拿馬國際博覽會獲一等獎。1911年，沈壽在天津開設「自立女子傳習所」傳授繡藝。1914年，沈壽受到北洋政府實業部長張謇的邀請，到南通組辦女子師範學校女工傳習所，培養了150餘名刺繡專業人材。沈壽還根據自身的經驗和對刺繡的認識，由她口授，張謇整理，寫成《雪宧繡譜》一書，內容分繡備、繡引、針法、繡要、繡品、繡德、繡節、繡通八章。此書對刺繡工具、擘線、各種針法的運用，繡線的色彩、光線的處理，刺繡藝術家的思想、品德、藝術修養和創作方法等，都作了系統精闢的論述。並把前人和她的美術繡所用的刺繡針法，分析歸納為十八種，對刺繡藝術的進一步發展起了重大的促進作用。

刺繡松藤壽帶圖（圖·❹⁹）作於清光緒年間，是根據慈禧皇太后的畫本繡製的，從其用料精良和繡製之規整來看，應為宮中之物。畫面中心一隻壽帶鳥翹著長長的尾巴立在松枝上，俯視下面的藤蘿，茂密的松針和盛開的藤蔓盤結纏帶從左下角伸進畫面，正中有「慈禧皇太后之寶」朱文方印，右題「御筆，光緒甲午孟春上浣」下鈐「天地一家春」、「頤神養性」、「瀛海仙斑」朱白文印，又有吳樹梅、陸潤庠、陸寶忠的題詞。針對繪畫內容，繡品分別使用了套針、斜纏、施針等針法。松葉的繡法，用拋針繡出一根一根的針狀松葉，為表現松針的茂密，用過渡色線一層壓一層地繡製，和色細膩，繁密中見層次，成功地表現了松葉蓬鬆、茂盛的質感。法書題詞是用黑色絲絨線，以斜纏針法繡製。落針擬合書法規律，起承轉合深得法書之神髓，並能體現不同書體之意趣。作品繡技高超，神氣靈動，是一件具有沈繡風采的觀賞性繡品。

❖幾種特色鮮明的針法

49

❶ **刺繡松藤壽帶圖**　清·光緒

　長135.5cm · 寬68.5cm

　　牙黃色緞地。絲線光潤，色澤柔麗。遠觀與繪畫無異，近看繡線層層結組，凸於繡地，絲光閃爍，又有繪畫達不到的特有質感。

❷ **壽帶局部**

　　壽帶的繡製使用了雙套針、施針、扎針、斜纏針等。劈絲細緻，線色過渡柔和。

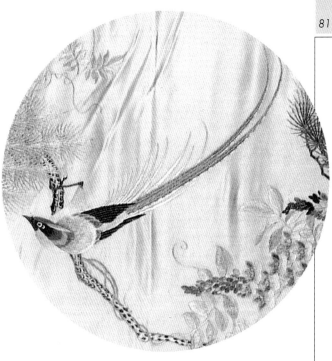

畫繡以外，有明一代的實用性繡品亦成興盛之勢，應用日廣，且能因材因用施以不同繡法。迄清更是各種針法層出不窮，異彩紛呈，爭奇鬥艷。不少針法雖創於前代卻於明清之際流行。有些針法因其表現獨特或有特定要求，施於繡作則特色鮮明，近似繡種。現擇其重要者，配以實物圖例予以介紹如下。

納繡——又名納紗繡、戳紗繡。是用紗羅作地，有規律地按紗眼用各色絲線戳納花紋而成，所用的散絲或絲線都比紗底的經緯線粗，能夠蓋住紗底的經緯，針路規律勻整，花紋凸出，有強烈的織紋感和裝飾效果。

一般習慣把滿地幾何花紋的稱爲「納錦」。因其具有織花彩錦的質感（圖・㊿），而把其他自然形紋樣如花鳥、魚蟲、走獸、風景人物故事等稱爲「戳紗」和「納紗」。

納繡的針法有短串和長串兩種。串是指繡線與紗底經緯按一定規律纏繞戳納。圖・(51) 是明萬曆五彩雲龍上衣袢，儘管大領和兩袖是由繡片和錦緞接配，但前後身的主要部分仍可清晰地看出納繡的針法。先用姜黃色的繡線在紅紗地上滿納地紋，針法使用的是正一絲串。由於繡線粗而弱捻，較爲鬆散，繡法規律、緊密，紗地完全被遮蓋住，只是在黃色下隱約透出一些紅光來。正一絲串是在紗底上每隔兩根經一

50

納錦鳳穿花帳沿局部　清

　　紗地完全被彩色絲線蓋住，紋飾規整，呈圖
案美，有織錦效果。

根緯或一根經緯線的交織點，戳納一根繡線，
用針時針脚與緯線垂直。黃色的背景上，仍用
正一絲串的針法戳繡出行龍及五彩祥雲，龍麟
用黑、紅、藍、綠、黃等彩線繡製，運用同色
退暈的方法，求得和諧，又用不同色相彩線勾
出輪廓，形成反差，增加層次感。龍角、龍晴、
鬚、髮等用套針、接針、釘線等針法，繡跡凸
於地紋，鮮明突出。領襟用單套針鋪地，龍身
用捻金線作蹙金繡。色彩對比強烈明快，頗具
明代風格。

　　納紗繡百子門簾（圖·52）為清光緒時期作品。
上部半簾用綠紗作地，繡漁樵耕讀圖，下部整
簾為紅紗地，長方形開光內繡童子捉迷藏、推

磨、讀書、玩蜻蜓及做各種遊戲。開光外四邊
繡蝠、桃、瓜、葉、葫蘆、雙喜字。整件作品
用納繡法，斜絲串和正絲串參用，針法規整，
具有圖案化的美感。童子肌膚用套針法，劈絲
很細，表現出兒童皮膚的稚嫩；葫蘆、喜字用
金、銀線做平金繡，又湖石、亭台輪廓及葉筋
等用捻金線盤釘。承空觀之，圖案如剪影一般，
而無紋處透過稀疏的紗眼，又可清晰地看到紗
外的光影，真是納繡繡法絕妙的應用。

　　圖·53，明代斗牛方補，也是用納繡法（或
稱洒線繡）繡地子，用平金、反戧等繡主體紋
飾，金色純正，對比較強，形象奔放。

51

❶納繡五彩雲龍上衣　明·萬曆

身長59cm · 袖長71cm · 下擺68.5cm

52

❶紅紗地納繡百子圖門簾　清‧光緒

長200cm‧寬82.5cm

從圖案的題材——雙喜、百子可以得知此件繫婚禮用品。紅紅的紗地透出婚禮的喜慶祥和；綠色調的瓜葉預示著生機與繁盛。紅地、綠葉、孩童深色的衣服與童子嫩藕般的肌膚形成色彩上的反差，跳躍鮮麗，富有生氣。整幅共繡了100名兒童，神情各異，形態可愛。百子紋樣明中期以後常見於各類織繡品中，用作結婚、生子時的陳設。寓意多子多福。

❷漁樵耕讀

此爲上半簾，綠紗地，中間長方形開光內繡漁樵耕讀圖，四周繡雙喜字、蝙蝠啣桃、葫蘆、瓜葉、瓜藤，具有福壽雙喜、子孫昌盛、繁衍不斷的吉祥含意。

❸門簾下半部分

繡橋亭樓閣湖石，一派江南景色。童子遊戲其間，神態稚拙，逗人喜愛，生動欲出。繡製規整，體現出物象的不同質感。

53

洒線繡鬥牛紋方補 明

長37.5cm · 寬36.5cm

　　這幅作品從形象到色彩都是典型的明代風格。
鬥牛、山、火珠紋用平金、蹙金、反戧、套針、
釘線繡法，海水用拋針，五彩祥雲與地紋使用了
洒線繡，即納繡法，在紅色的紗地上按紗眼規律
戳納而成。整幅色彩鮮艷，形象奔放，線條有流
動感。

打籽繡——是一種古老的針法，略晚於辮子股繡。湖南長沙馬王堆一號西漢墓出土的刺繡衣物等已使用了打籽繡法。它是以刺出繡面的線緊貼繡面繞圈打結，再將線就原地刺入繡料形成粒狀。宋以前作爲重要針法應用較廣。隨著針法的進步，打籽繡法一般多用於表現花蕊、雞冠等局部紋樣。清道光時期的《天官祝壽圖》（圖·❺❹）卻將這一古老針法發揮到極致。圖中二十一個人物的衣飾全部採用打籽繡法作平塗式結組而成，畫面長87.3厘米，寬達394.5厘米，將近4米。主要人物天官夫婦坐高近70厘米，幾近眞人，足見用工之巨。這件作品選料精良，寶藍色緞地織造勻密，貴重大氣：繡線斑斕，飽含絲光。邊鑲寶相牡丹織金妝花緞。人物衣飾華麗美奐，蟒袍、霞披、玉帶金釵，衣上花紋、龍鳳、雲水、牡丹等也用打籽繡，衣紋和圖案輪廓以強捻線盤釘，遠觀衣飾如眞，花紋突出如繡，似工筆重彩畫；近看平塗式的打籽一粒一粒緊鋪密陳，如彩點堆砌，呈現韻律美，巧思神奇，令人不忍移目。此外運用了單套針、雙套針、戧針、接針、纏針、旋針、高繡、網繡等多種針法組繡背景。木雕床榻，景泰藍搖扇，象牙笏板，雕漆托盤及古琴書畫各顯質地；牡丹艷麗，蘭菊清幽，湖石瘦勁，松藤蒼逍，紅蝠展翅，日月同暉，各展神姿；天官壽星，武將文官，士子文人，弱冠少年，豐采宛然。擬合古人評繡「求光」、「肖神」、「妙用」諸標準，人物寫實傳神，物象明暗側轉有度，針法線色講求變化，實爲難得之佳繡。

平金繡——是以金線盤繞出圖案花樣，再以細絲線縫釘固定於繡地上，始見於唐代繡品中。明清時期，多見用於龍紋圖案、吉祥文字的繡製。清代刺繡帝后服飾中龍紋皆用平金繡，金龍耀躍，以顯示尊貴。民間使用這種針法繡瓜葉、葫蘆等，別具韻味。圖·❺❺是清平金繡江崖繡片，爲龍袍下擺之局部。

圖·❺❻是清繡萬壽墊料，壽字用平金法盤繡。也有使用銀線的，如清納紗繡百子門簾中之葫蘆用銀線盤釘。

圖·❺❼龍身爲蹙金繡，是在金線下使用墊襯，突出繡地以表現鱗甲凹凸的質感。清代龍袍上刺繡的龍紋，多用這種針法。

滿繡——是北方繡派常用的技法。如在京繡中就常見到。它使用無捻或弱捻的絨絲，先滿鋪繡地，再以平金、戧針等針法繡綴主體圖案。

清滿繡上士像（圖·❺❽）以寶藍、藍、灰色絨線鋪地，用套針、高繡、網繡等繡人物及衣飾等，圖案輪廓使用釘線繡，起到了強調作用。

明嘉靖雲龍方補，（圖·❺❾）是在黃綢地上用單套做鋪針，上用反戧、平金、蹙金繡雲龍。

拗針——拗針的使用最早見於宋代。它是將前後針摻逼相連，使繡跡成一條線狀而不露針跡。如以第二針入第一針之中，二線緊密相連，並藏針於線下。第三針則接第一針尾，第四針接第二針尾。一般用來繡鳥眼眶、鬍鬚、花莖等，與斜纏針法近似。

這件明末彩繡纏枝花四合雲幔帳（圖·❻⓪），就是用拗針法繡製的。繡線較粗，有較強的捻度，如魯繡中的衣線。以拗針一圈一圈繡排出花紋，遠看似以繡線盤釘而成，風格獨特。繡線用色鮮艷，與大紅織金緞的繡料相配產生豪華奔放的感覺。

雙面繡——是清代蘇繡中的創新品種，是在宋繡兩面針基礎上發展而來。它的特點是在同一花紋的刺繡工藝過程中，繡出正反兩面圖案相同的作品，用記切方法代替打結，藏好線頭，雙面同紋同色，俗稱兩面光，多用爲屏風、團扇等觀賞性繡品，可兩面同時觀賞。

清道光蘇繡五倫圖屏心（圖·❻①）就是一件雙面繡繡品。正反兩面同色同紋，精妙奇絕。

❖ 清代的四大名繡

清代的工藝美術非常發達且成就卓著。清初康、雍、乾三朝，社會穩定，經濟繁榮，各種藝術活動空前活躍。刺繡一藝集宋明之大成，得到蓬勃全面的發展，針法之豐富、應用之廣泛，達到歷史的高峯。

首先，繡品生產地區廣布大江南北，民間刺繡在蘇州、常州、揚州、浦江、長沙、潮州、廣州、北京、成都等地迅速發展，刺繡成為農村主要副業生產（圖·❻❷）。同時，刺繡生產的商品化愈來愈盛、城鎮出現了專業繡坊、行會。刺繡品作為中國傳統的特色商品還出口到日本、南洋、歐美等國家。

其次，繡品的應用遍及社會所有階層，淋漓盡致地發揮對於物質和精神生活的美化功能。穿著和使用刺繡品成為全社會的流行風尚。宮廷繡品極盡奢華、應有盡有，甚至到了不可盡名的程度。（圖·❻❸、❻❹、❻❺）帝后妃嬪從內衣到禮服，從頭上到腳下，從大典到燕居，可謂無繡不穿，無繡不用。官營繡作規模龐大，繡工成千。民間刺繡服裝的商品化生產進一步發展，蘇州地區生產的「吳服」名重海內外。清季男子流行在衣外懸掛各種佩飾，有荷包、檳榔荷包、烟荷包、錢袋、扇套、眼鏡套、錶套、鑰匙帶、火鐮袋、搬指套、搭褳等，多達十幾種。這種佩飾既有一定的實用性，又是精巧的刺繡藝術品，王公官宦都爭相佩戴，比竟風雅，並隨時令季節更換花樣。（圖·❻❻）

刺繡的題材更是無所不包，雅俗具備，以適應不同消費階層的審美趣味。紋樣多以富貴長壽為主題，體現出鮮明的時代風尚。針法多樣，爭奇鬥艷，令人目不暇接。

十九世紀中葉，由於商品繡生產的發展和市場的多方面需求，促進了各地民間繡品獨特風格的形成。以蘇州、成都、長沙、廣州等地區為中心，形成了具有鮮明風格的地方繡，如「蘇繡」、「蜀繡」、「湘繡」、「粵繡」，世人稱之為「四大名繡」，此外還有北京的京繡、山東的魯繡，開封的汴繡等，均久有淵源，各具特色。

精細雅潔的蘇繡——江蘇是刺繡主要產區。蘇州作為中心城市，具有悠久的刺繡傳統。宋時宮廷為搜集刺繡精品，在蘇州專門設立了繡局。明代則是「家家養蠶，戶戶刺繡」，巧手輩出。迄至清代蘇繡更被稱為「繡市」，繡莊林立、盛時竟達150多家，在圖案、針法、原料方面自成一格。清代蘇繡鉢繼宋元傳統，同時深受顧繡影響，絲理細膩，針法豐富，常用套針，不露針跡。暈色和諧自如，清新雅潔。

蘇繡夔龍鳳牡丹紋墊面（圖·❻❼）是清乾隆時期的作品，黃緞作底，以藍、黃為主色調，運用套針、旋針、釘線等針法，繡技嫻熟，針腳均齊規整而不失流暢。圖案設計採用對稱式，強調墊料作為室內生活用品的裝飾性。而夔龍、蔓草的「S」型和旋渦形曲線，具有羅可可藝術之風格。畫面紋樣排鋪較滿，但卻通過繡線色彩的恰當運用，使之具有層次感，雖繁瑣而不顯雍腫。清宮所用繡品，均係江南三織造提供，此件即為蘇州織造所繡，華麗細膩，有宮廷風格。

蘇繡四合如意菊花紋墊面（圖·❻❽）為清嘉慶時期宮中用品。繡底及繡線用料都極精良，品質純一，絲光閃動。在長方形的明黃色緞地上繡菊花、靈芝及四合如意紋。主要使用了套針。落針整齊如切，和色自然，紋樣寫實，形象豐滿，色彩以藍、白、紅、黃為主，簡錬和諧，清麗高雅。

清道光蘇繡瑤台祝壽圖（圖·❻❾）是一幅觀賞性繡品，採用繪畫的高遠法構圖，畫面中部三位仙人立於江岸平台之上，拱手拜壽，二童子侍於側。左上天空祥雲呈瑞，王母馭鳳乘雲而降。畫面下部是坡石、花樹，大面積的淺色調起到了穩定畫面的作用。畫稿本身就是一幅繪畫佳作。繡法的運用多變而合乎物理。水浪和

54

❶刺繡天官祝壽圖　清·道光

長87.3cm·寬394.5cm·邊框寬17.5cm

　　這是一幅精妙的觀賞性繡品。畫面正中天官夫婦含笑而坐。天官身穿大紅雲龍官服，頭戴金冠；夫人則鳳冠霞披，雍容華貴。子孫手捧壽桃、壽酒侍立於側；左右是前來賀壽的文武百官，作弈棋、撫琴、賞畫之狀；背景有日月、松藤、牡丹、桃枝、蝙蝠等，祥和吉慶。

❷人物局部

　　這件繡品能夠對不同年齡的人物，在繡法和繡線顏色的使用上加以區別。畫面上左邊人物年紀較大，選用淡赭色的繡線，並以繡跡厚度的變化體現人物面部老成穩重的感覺。右邊人物用白色的繡線，繡跡平厚，表現出年輕人肌膚的質感。人物袍服上密集的粒狀繡跡，是典型的打籽繡針法。

❸局部

　　這幅祝壽圖取材於郭子儀的故事。郭子儀（公元697～781年），唐代大將，以武舉累官至天德軍節度使兼九原太守。安祿山叛亂時，任朔方節度使，在河北擊敗史思明。肅宗即位，任關內河東副元帥，收復長安、洛陽。因功升中書令，後又進封汾陽王。戲劇和傳說中，郭子儀有七個兒子、八個女婿，都在朝作官。每逢他的生日那天，七子八婿都到府祝壽，光牙笏就擺滿了一床。郭子儀活了八十四歲，官高位顯、子孫滿堂、長壽。明清時期的賀壽品常以他的故事作題材，稱為「大富貴亦壽考」、「滿床笏」，喻意富貴長壽，子孫滿堂，世代顯赫。這件作品的中心人物即郭子儀夫婦。

93

55

刺繡海水江崖片　清

長41.5cm・寬45cm

　此爲袍服下擺局部。用捻金線平金繡法繡地，
針跡按照扇面的形狀排列，鋪滿地紋，金光閃爍，
顯金效果非常強烈。海水雲崖用反戧針法，珊瑚
和部分雲紋使用了孔雀羽線，更加豪華。

56

繡靈芝萬壽靠背壽字局部　清

　「壽」字、「萬」字用平金繡法，按字跡筆順盤
釘金線。

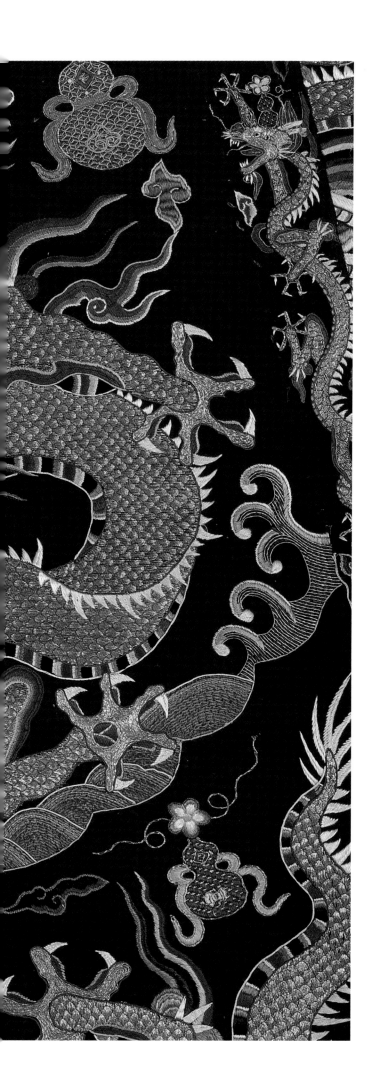

57

紫紅天鵝絨彩繡雲龍葫蘆裌料局部 清初

　龍頭用平金繡，龍身用盤金繡，繡跡凸出，表
現鱗甲的質感。葫蘆用網繡法，先以彩色絲絨鋪
繡地紋，再於其上施針成網狀。網繡一般用於表
現繡品中人物衣服上的錦紋和器物等，有眞實而
獨特的質感。

58

滿繡上士像　清

長138cm・寬79cm

　　整幅用寶藍、湖藍、淺灰絲絨鋪繡地紋。畫面
中心上士手執法器，趺伽而坐，肌膚用套針，衣
裳用網繡、釘線繡。此外還使用了高繡，反戧針
法組繡圖案。彩色絲線繡滿畫面，針法靈活變化，
運用自如。人物面相豐腴，身型優美。配色凝重，
以灰褐色為主調，體現佛界的莊嚴靜穆。

59

滿繡雲龍方補　明・嘉靖

長37cm・寬35.5cm

　　這件繡品在緞地上用明黃色絲絨套針法繡地，
龍紋用捻金線作平金、蹙金繡，雲、山、海水以
反戧、拟針組繡。龍目用貝殼、料珠鑲繡，明亮
神氣如真目，威猛異常。

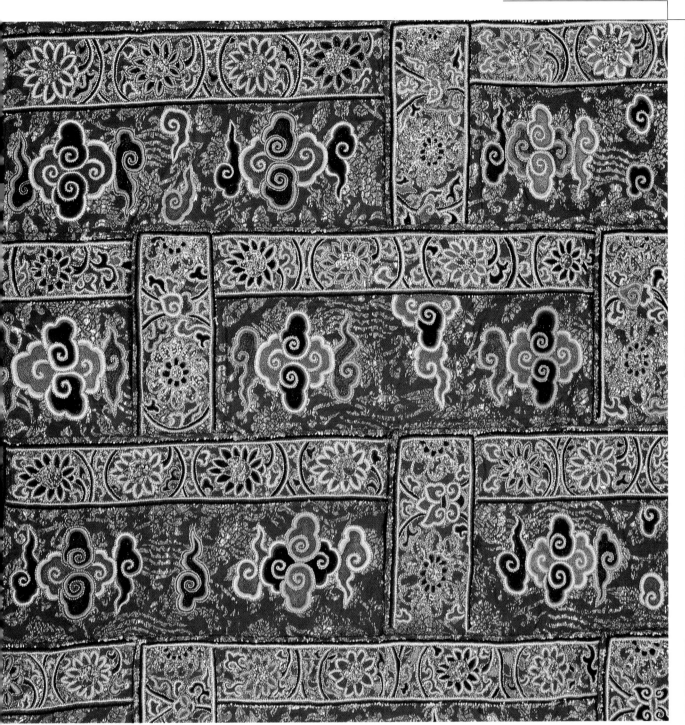

60

❶彩繡纏枝花四合雲幔帳　明

長264cm‧寬143cm

　　此幅以紅地鳳穿花織金緞為地,格條繡纏枝菊花,格內繡四合如意朵雲,四角用白線、金線各繡法螺一隻。邊框繡纏枝蓮花。地子的大紅和金色與黃、綠、藍色的繡線組合,艷麗華美,有很強的裝飾性。

❷局部

　　繡線使用的是捻度較強的衣線,用拟針法由外至內一圈一圈繡出圖案,針跡密實,有平金和貼繡的效果,但更加結實厚密,效果獨特。

| 61 |

❶蘇繡雙面繡五倫圖屏心 清·道光

長103cm·寬60cm

　　米黃色江綢地，繡鳳凰、仙鶴、鴛鴦、鸚鵡、鶯鳥及盛開的桃花、月季、荷花及梧桐、湖石、靈芝等，一派和平歡樂景象。繡品中的五種禽鳥稱為五倫或五常，即君臣、父子、夫婦、長幼、朋友五種關係。五倫彼此之間，有分別適宜的道德規範：君臣有義、父子有親、夫婦有別、長幼有序、朋友有信。中國自孟子以來，一直受五倫之教。

❷鳳凰與背面鴛鴦局部

　雙面繡品的特點在於兩面圖案、色彩一致，不露線頭。這件作品使用了雙套針、單套針、斜纏針、拗針、刻麟針、扎針、打籽、釘線等多種針法，正反兩面針跡、色彩、紋樣絲毫不差，線頭藏於繡線下，不見痕跡。繡製精美，紋彩絢麗，是一幅觀賞性雙面繡佳品。

62

繡人物花卉坐墊　清中期

直徑48cm

　　這是一件具有民間風格的繡品。整幅由十七塊
形狀不同的繡片連綴而成。使用了墊繡、釘線，
先用紙剪出圖案輪廓，固定在繡料上，然後用套
針罩於其上。繡片邊緣用金箔紙包住以線固定。
繡片之間用作成花朵狀的綢料連接、點綴。圖案
有武松打虎、放牛、養雞，還有虎、雞、馬、鳥
及花卉瓜果等，拙稚可愛，民間風格濃郁。

參 刺繡與印染

63

❶漳絨彩繡八寶雲龍瑞獸袍料局部　清

長131.5cm・寬143.4cm

　這是袍服的前襟部分。繡有正龍一條，朵雲、山涯海水和獸紋的膝瀾。主要用衣線和龍抱柱線（一種強撚線），以平金、高繡、釘線、套針、網繡、鋪繡、緝線等針法組繡。還用借地法，沿漳絨的雕花部分繡出輪廓線，組成珊瑚、海螺等圖案。麒麟等動物形象使用了合色線繡製，繡線粗針腳大，形象稚拙，有民間風格。整幅配色明快跳躍，用針大膽，形象粗獷、誇張，頗有情趣。

❷瑞獸局部

64

明黃緞繡靈杵纏枝寶相凳套 清・乾隆

直徑35.7cm・邊高5.5cm

　　套心繡十字形靈杵及如意頭、纏枝寶相花，套
邊為拐子紋纏枝蓮。主要用套針和斜纏針。

65

刺繡宗喀巴像 清

長63.5cm・寬64cm

　　此幅使用較粗的繡線，以套針法鋪繡景物，並
用捻金線釘出輪廓。佛像的面部、肌膚用平金繡，
突出佛之寶相莊嚴。

66

月白地繡人物衣邊 清‧嘉道

長66.5cm‧寬14.7cm

　　月白色暗花綢作地，主要用打籽針法繡仕女於山石亭橋之間探花、彈琵琶，彩蝶飛舞、百花盛放，體現一種嫻雅的生活情趣。這種衣服花邊又叫「絛子」，主要用來鑲滾衣服的邊緣，有增加衣服牢度和裝飾美化二種功效，清中期以後很流行。

參 刺繡與印染、

109

67

蘇繡夔龍鳳牡丹紋墊面　清・乾隆

長134cm・寬125cm

　　繡品中心如意形框內繡瑞花，框外繡牡丹蔓草，四角是夔鳳拐子紋。一道寬2cm的正方形金線框又把八條夔龍與中心紋飾隔開，形成四邊的帶狀裝飾。繡法雖然簡單，只用了套針、斜纏、釘線幾種針法，但運用嫻熟，針腳勻齊規整而不顯呆板。用色簡約，在黃緞地上，以藍、粉紅、白為主色，摻色、和色細膩，過渡自然，富有節奏感。紋樣線條流暢，裝飾感很強，受到洛可可風格的影響。圖案設計雖然較滿，但巧妙的色彩調配，流線與直線的交替使用，使圖案看上去繁而不亂，錯落有致。整體風格清雅柔和，纖細輕巧，華美縟麗，是清代官營蘇州織造繡製專供宮廷使用的蘇繡佳品。

明黃緞地蘇繡四合如意菊花紋墊面

清・嘉慶

長142cm・寬109cm

　　這是一件長方形圓抹角的墊面。明黃八枚緞地。中間長方形內繡四合如意菱格紋，中心圓形開光內繡菊花、小朵花。四周以纏枝菊花、靈芝、朵花環繞。針跡平整，針腳勻齊如切，配色清雅亮麗，絲光閃爍，是宮中秋季的室內用品。

69

❶蘇繡瑤台祝壽圖 清·道光

畫心長189cm·寬85.3cm

這是一幅觀賞性繡品。表現福、祿、壽三星為西王母慶壽的情景。人物表情生動、服飾鮮麗，呼之欲出。樹石雲水，亦各有章法。繡技精熟，繡線極細，入針緊密，針腳平齊，平貼緞面，形成具有韻律感的紋路。滲色精微，和色無間，明暗變化有致。色彩之濃麗，絲線之光潤，物象之質感，均勝於繪畫，是蘇繡之精品。

❷仙人局部

福運、官祿、長壽是古代人生的重要追求。在吉祥圖案中，常以三位僊人代表之，有時也以諧音的事物如鹿、蝠、壽桃等表示，是賀壽品的常用題材。

❸西王母

王母面露笑意，雍榮華貴。馭鳳乘雲，幻若僊境。《神異記》中說，西王母每逢蟠桃成熟的三月三，就大擺壽宴，邀請群僊赴蟠桃盛會，為她祝壽。

70

❶蘇繡玉堂富貴圖　清・道光

長146cm・寬69.5cm

這幅繡品以藍色江綢作地，色彩濃艷，形象寫實，針法多變，針脚齊整，畫繡結合。其所表現的富貴祥瑞主題，在視覺美感之外，更給人以精神上的愉悅。

❷錦雞局部

錦雞的繡製，用了拟針、套針、施針、打籽、扎針、釘線等針法，針跡平整凸於繡地，色彩艷麗奪目，如工筆重彩畫面而更勝一籌。

彩雲用拟針如線描，表現仙境的飄渺與雲水的流動，只台基處數朶水浪用套針鋪繡，如白浪拍岸；松、柏、梧桐等不同樹種的葉子，分別用打籽、松針、套針等針法表現，每一種樹葉又使用同色相而深淺有別的五色絲線繡製，層次豐富，表現出老葉新芽的色彩差別。繪畫的局部運用，增強了畫面效果，如樹疤、坡草是在繡後用墨色畫出。人物的鬢髮，用補色法，先畫後繡；人物衣飾用鋪針、施針、網繡、釘線法，質感逼眞；人物面目用針細密，不露針跡，有肌理質感，表情生動，眉目傳神。色彩上，背景以藍、白色調爲主，人物則衣飾鮮麗突出於背景。繡線不是一味講求劈絲細，而是根據表現對象的不同，採用粗、細不等的繡線，如繡土坡、石塊、老樹用線粗重，質感渾厚，花葉、鬢眉則用劈得極細的絲線，細膩柔潤。全幅繡組精妙，平順妥貼，爲繡中佳品。

蘇繡玉堂富貴圖（圖・70）也是清道光時期作品，採用單套針、雙套針、施針、打籽、釘線、拟針、扎針、刻麟針，繡線光潔，色彩濃麗，落針緊密，不露痕跡，針脚齊整如劃，使繡面具有鑲嵌的效果。

明清兩代，蘇繡名手輩出，如吳縣錢惠及楊卯君、陳淑蘭等，作品備受文人學士贊賞。時清宮廷用繡品也多在蘇州繡製。

質樸優美的湘繡——湘繡是湖南地區的代表性刺繡，以長沙爲中心，是在湖南民間刺繡基礎上發展而來的。湘繡以彩色散絲作爲繡線，擘絲很細，無捻而有絨面，具有眞實的感覺，當地稱作「羊毛細繡」。第一位創辦湘繡莊的人是胡蓮僊。

湘繡強調顏色的明暗濃淡，針法吸收蘇繡套針加以發展，所繡獅、虎等動物，線色準確，

威猛雄健，設色鮮明。

古樸艷麗的蜀繡——蜀繡，以成都爲中心，歷史悠久，是蜀中三寶之一。蜀繡構圖精簡，色彩艷麗，針法以套針爲主，用針工整，平齊光亮，花紋具有立體感，色彩鮮艷而不流俗。清中期以後吸收蘇繡、顧繡的優點，成爲全國重要的商品繡之一。

明艷華美的粵繡——粵繡是廣東地區的代表性繡品，有久遠的歷史，色彩濃郁鮮艷，繡線平整光豔，用針有撇和針、滾針、刻麟針等。常用金銀墊繡，形象凸出，明麗豪華，紋飾多以百鳥朝鳳、孔雀開屏、三羊開泰等爲題材，構圖豐滿，繁密熱鬧，具有濃厚的裝飾趣味和南國特色。(圖·**71**)

刺繡作爲一個獨立的工藝品種，有着其它藝術品所不及的三大特點。其一是它的普及性。由於刺繡用具極爲簡單而又易於製作，人人皆可學而爲之，故在中華大地上無處不存，雖山野僻鄉，童叟可不辨絲麻，卻無不知繡者。其二是適應性。用途之廣自不必說，僅其大小由之足堪誇耀。大則愈丈不爲巨，置之廟堂，莊穆堂皇；小僅及掌不爲微，飾爲鑿悅，靈麗精巧。其三是藝術性。刺繡的色彩比織錦還要絢麗，圖紋比緙絲更加自如靈便。凸起的質感，富有韻律的針跡，題材表現的無所不能，有着繪畫所達不到的意趣。刺繡獨特誘人的藝術魅力，受到皇族、官坤、文人、商賈和庶民百姓

71

❶粵繡三陽開泰屏心 清

長127cm·寬41cm

此件繡品以白色素緞作地，潔雅爽利。畫面上方太陽高照，下部三隻羊憩於溪邊。用針配色細膩。其中的卷毛羊，先用鋪針再以拋針施於上，以表現絨毛的立體感。冬去春來，陰消陽長，有吉亨之象，故俗以三陽（羊）開泰爲歲首稱頌之辭。

各階層的普遍喜愛，以至在中國流行數千年而不衰，並蜚聲國際。

●印染

❖印染工藝

自山頂洞人有了染色技術的萌芽之後，隨着織造業的興盛對染色業的不斷需求，人們對顏料的認識逐步廣泛和長期的生產實踐，染色工藝經過漫長而曲折的發展取得了非凡的成就。

在染料方面，明代可用於染色的植物已擴大到幾十種。據《天水冰山錄》的記述，明代織物染色有大紅、水紅、桃紅、青、天青、黑青、墨青、墨綠、油綠、沙綠、柳綠、沉香、紫、黃、柳黃、雜色等數十種。《天工開物》記載的明代色譜和染色方法有二十多種。植物染料資源豐富，染色牢度好，色澤鮮艷，在紡織品染色印花工藝中，逐漸取代了古老的礦物顏料。

明代染料的生產出現了地域性。如紅以京口為有名，藍則以福州、泉州、贛州等地最著稱。《閩部疏》中說：「福州而南，藍甲天下。」染色生產也出現了專業化分工。在蕪湖、松江、揚州、蘇州等染業發達地區，有分工很細各有專職的染坊，如藍坊染藍，紅坊染紅，雜色坊染黃、綠、黑、紫等。這種區域性和專業性的分工，是商品經濟和染色工藝發展的必然結果，反過來它又促進了商品經濟和染色工藝的發展與提高。明代遺存的絲織實物，雖歷四、五百年，顏色仍然鮮麗如新，表明了當時染色技術的高度成就。

❷粵繡馬上封侯屏心

針法以斜纏針、套針為主，還使用了施針、扎針、拋針、打籽等，摻色過渡豐富、明亮，動物形象活潑，栩栩如生。

清代的染色工藝又有進一步的發展，在傳統的浸染、套染和媒染等染色工藝的基礎上，運用了複色套染和同浴拼染等多種方法。染色技術的提高，染料品種的增多和染料來源的擴大，使清代有關染色的色譜和色名達到數百種之多。清代刺繡工藝家沈壽在《雪宦繡譜》中談到刺繡用的色線，開列了八十八色，每一色還要分出多種深淺層次，合計有七百四十五種之多，足見染技之精。

清代染色工藝已形成具有地域性特色的分工。如江寧的天青、元青；蘇州的天藍、寶藍、二藍、葱藍；鎮江的朱紅、醬紫；杭州的湖色、淡青、雪青、玉色、大綠；成都的大紅、淺紅、谷黃、鵝黃、古銅等等，都是清代染色織物頗負盛名的品種。

❖印染技術

印染技術在明代也有進一步發展。據《碎金》記載，元、明時期只「夾纈」一類即有「樗纈」、「蜀纈」、「錦纈」、「撮纈」、「璽纈」、「兒纈」、「漿水纈」、「三套纈」、「哲纈」、「鹿胎斑」等九種方法。從當時的遺留實物來看，其製作技藝相當精湛，特別是色彩鮮艷可愛的五套七色夾纈織物，表現了明代印染工藝的高度成就。圖·❼❷是明代夾纈綢，用色鮮麗，簡練明快，圖案有一種朦朧迷幻的美感。

明清時期棉紡織業在全國範圍內發展起來，棉布成為平民百姓最主要的衣料。人們把土產的棉布，運用手工印染工藝印製具有獨特裝飾趣味的圖案，達到美化生活的目的，其中生產量最大的是藥斑布（又名澆花布，即藍印花布）。清代藥斑布的生產和使用遍及各地。《常州府誌》詳細記述了藥斑布的製作方法「澆花布染法有二：以灰粉摻礬塗布作花樣，然後隨

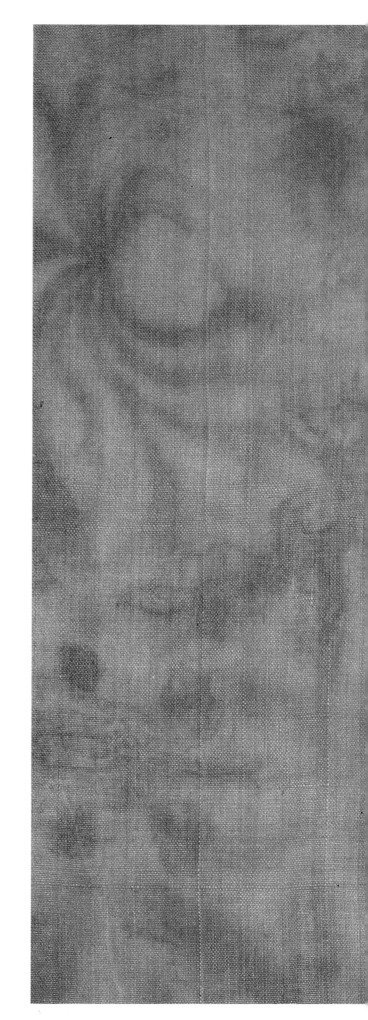

72

夾纈綢　明

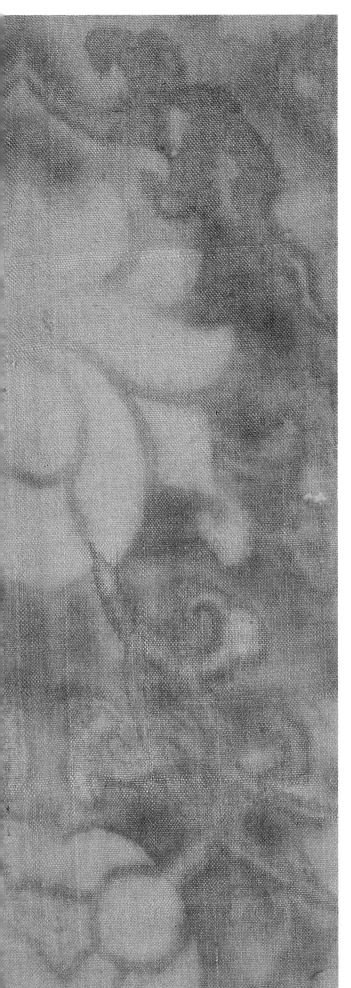

作者意圖加染顏色，曬乾後刮去灰粉，則白色
花紋燦然出現，稱之爲刮印法。或用木板刻花
卉人物鳥獸等形，蒙於布上，用各種染料搓抹，
處理後，華彩如繪，稱之爲刷印法。」所謂刮
印法就是藍印花布，可以印出藍地白花和白地
藍花兩種紋樣。白地藍花者需分兩套印花版套
印。清代後期，藍印花布發展爲彩印花布，是
運用刷印法印製的。藍印花布的裝飾紋樣多以
點和線組成，具有獨特的藝術效果。而刷印法
生產的彩印花布，花形較爲複雜，套色繁多。

　　圖・❼❸印花羅紋緞。

73

印花羅紋緞　清　長38cm・寬65cm

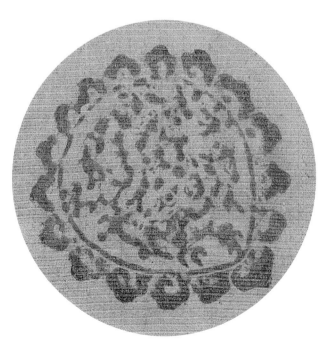

豐富多彩的花紋與圖樣

在各類絲織物中與其密切相關的是花紋圖樣。這些花紋的加工方法多種多樣。主要有織花、刺繡、印染、手繪珠繡等。

織物與紋樣的結合，使它成爲物質文化和精神文化的共同產物。精湛的織造技術是科學，精美的紋樣則是藝術。藝術賦予產品的是美和生命。

中國傳統的織繡紋樣，由於浸融了封建體制、儒家文化、皇權觀念、民俗傳統和民族習慣等諸多因素，形成了一個有着鮮明民族風格和深刻寓意內涵而又優美動人的藝術領域。

這一藝術領域，內容廣括，包羅萬象。

其中一類是帝后、百官服飾。它的主要特點是尊龍鳳、辨等級，反映了統治者希求皇權永固的思想。

另一類是爲民間百姓所喜愛的吉祥圖案。它以自然界具有靈性的動植物爲主要內容，並賦予祥瑞的寓意，反映了人們追求美好生活的願望。

現就其兩類內容，分別詳述於後。

●帝后、百官的服飾紋樣

❖帝、后的服飾紋樣

封建社會的絲綢生產，主要是爲統治階層服務。大量精良的絲織品被用來製作帝后皇族的衣飾。在中國古代文明中，衣冠服飾不僅具有禦寒護膚、美化生活的作用，還是區分社會等級、維護統治的一種重要手段。歷代統治者均相當重視輿服制度，在「二十四史」中，幾乎每部都有輿服志，專門記載皇朝輿服典制，足見其地位的重要。歷代的輿服制度雖不盡相同，隨時代演進而有所損益，但其辨等威，定尊卑，維護等級制度的根本功用始終不變。

明清時期絲綢生產的發展爲輿服制度的進一步完善提供了有力的物質前提。

公元1368年明朝建國以後，廢棄了元朝服制，根據漢人的習俗，上採周漢，下取唐宋，

對皇帝冕服、常服，后妃禮服、常服，文武官員常朝之服及士庶巾服制度作了重新規定。皇帝處於等級社會的頂點，掌握着政權的最高形式——皇權，因此典制中對皇帝服制規定最為細緻，在服飾標志上最為顯著，最具權威性。

據《明史·輿服志》記載：明代皇帝的冠服包括袞服、常服和燕弁服。

袞服是最隆重的禮服，由玄衣、纁裳、黃蔽膝、白羅大帶配套，飾以十二章紋，在祭天地、宗廟、冊立、登極、正旦、冬至等大典時服用。不同場合所衣的顏色和配飾都有區別。

十二章紋是帝王禮服的專用紋飾，是最高權力的象徵。（圖·❼❹）這十二種紋樣代表了不同的含義：「日月星辰取其照臨也；山取其鎮也；龍取其變也；華蟲（雉）取其文也，會繪也；宗彝（虎蜼）取其孝也；藻（文草）取其潔也；火取其明也；粉米（白米）取其養也；黼若斧形，取其斷也；黻為兩己相背，取其辯也。」這些各具含義的紋樣裝飾於帝王的服裝，喻示帝王如日月星辰，光照大地；如龍，應機布教，善於變化；如山，行雲布雨，鎮重四方；如華蟲之彩，文明有德；如虎蜼，有知深淺之智，威猛之德；如水藻，被水滌蕩，清爽潔淨；如火苗，炎炎日上；如粉米，供人生存，為萬物之依賴；如斧，切割果斷；如兩己相背，君臣相濟共事。總之，這十二章包含了至善至美的帝德。

比袞服略低一等的是常服，為日常朝政之服，式樣為盤領窄袖，前後及兩肩各一織金盤龍，衣用黃色，俗稱四團龍袍。

燕弁服是皇帝深宮獨處燕居時所服，玄色，兩肩繡日月，共飾龍紋一百九十二條。

龍，最早是做為氏族的圖騰。在中國古代神話傳說中，它是一種神異變化的動物。《說文》曰：「龍，麟蟲之長，能幽能明，能小能大，能短能長，春分而登天，秋分而入淵。」進入階級社會以後，龍轉化為最高統治者的化身。

在封建社會，龍幾乎成為帝王的專用詞。帝王的儀態謂龍行虎步；帝王的顏貌叫龍顏；帝王坐的車船叫龍輿、龍船；還有龍床、龍椅等等。尤其到元代以後，朝廷更是三令五申，禁止皇族以外的人穿、用龍紋。明清時期，龍紋在帝王服飾中所占的位置越來越大，替代十二章紋樣成為常朝之服的裝飾主體。而十二章紋樣最後只放在適當的位置作為標誌了。（圖·❼❺、❼❻、❼❼）

明代，除了五爪龍禁用以外，蟒龍（四爪龍）、飛魚（四爪龍身魚鰭魚尾）、斗牛（四爪龍身魚鰭牛角）圖案因和龍形近似，也需要特別賞賜才可以穿用。圖·❼❽為明洒線繡鬥牛方補。圖·❼❾是清緙絲蟒紋袍服織成料局部。

明代尚紅，玄、黃、紫、皂之色也屬禁例。

明代皇后冠服有褘衣、翟衣、鞠衣、常服四種。皇后服飾紋樣比較豐富，龍鳳的主題以外又有百花捧壽、嬰戲、蓮花牡丹、萬字曲水及雙兔、五毒、艾虎等適應節令變化的紋樣。一九五八年北京定陵地下宮殿出土的明代萬曆孝靖、孝端兩位皇后的隨葬衣物為研究明代輿服制度提供了寶貴的資料。

與龍紋一樣，鳳紋也是皇后禮服中重要的裝飾紋樣。

鳳凰是中國古代神話傳說中的神鳥。它首戴德、領戴義、背負仁、心入信、翼朵義、足履正、尾系武，是與帝德並美的神鳥。后服上的鳳凰，多作飛翔狀，紋彩絢麗，姿態優雅，與龍紋的威嚴相比，具有陰柔之美，是祥和的象徵。（圖·❽❶）

清王朝建立以後對冠服制度進行了改革。一方面承襲古制，如將十二章紋作為袞服、朝服的紋飾，以繡有禽獸的補子作為文武官員職別的標識。同時保持了滿族服飾的特色，把明代的寬衣大袖改為窄袖緊身，著重實際功用。

清朝的祖先滿族是生活在中國東北地區的游牧民族，衣裝式樣適應於騎射遊獵生活。最鮮

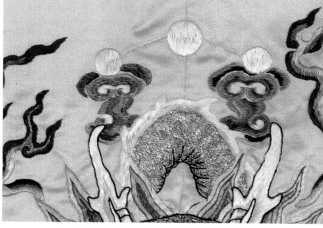

74

十二章紋

❶日

❷月

❸星晨

❹山

❺龍

❻華蟲

❼黼

❽黻

❾宗彝

❿藻

⓫火

⓬粉米

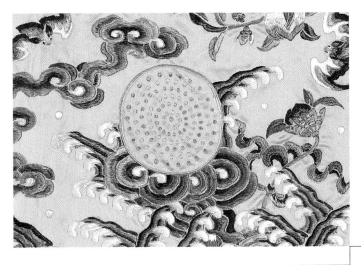

75

抓仙桃、卍寓意萬壽的坐龍　清

金地緙絲穿花龍 清

　　游龍穿行於百花之中，少了一份威嚴，多了一
些平和喜慶，是民間喜用的圖案。

77

雙龍戲水　明

　　明代的龍頭部較扁，雙目圓睜，鬃髮
向上飄起，背鰭密，造型奔放，充滿活
力。局部處理有民間風格，於莊嚴中
透出一絲親切和可愛。

78

洒線繡鬥牛方補 明

長37cm・寬36cm

79

緙絲過肩蟒袍服局部 清

　　蟒的形象與龍十分相像，明清時一般以五爪爲龍，四爪爲蟒，但兩者却有嚴格的等級區別。

明的特點是馬蹄袖，也稱箭袖，袖口窄小的出手處上長、下短、呈馬蹄形，旣保暖又方便取物。

清代皇帝的袞服制度係沿襲古製。乾隆《大清會典》定制，皇帝袞服「色用石青，繡五爪正面金龍四團，兩肩、前後名一。其章左日、右月，前後萬壽篆文，間以五色云。」在祭祀大典時和龍袍一起穿用。形式爲圓領、對衿、平袖、身長僅及膝。

皇帝朝袍按《大清會典》規定色用明黃，祀天祈谷用藍，朝日用紅，夕月用白。用上衣下裳製，飾龍紋及十二章紋（圖·❽）。十二章紋的位置，日月星辰、山、龍、華蟲、黼、黻在衣，宗彝、藻、火、粉米在裳。間以五色云，下幅八寶平水。龍紋的位置前後、兩肩正龍各一，腰帷行龍五，衽繡正龍一，襞積（折襴處）

前後各繡團龍九，裳繡正龍二，行龍四，披領繡行龍二，袖端繡正龍各一。朝服袍身較爲寬大，衣袖適於實用，旣華貴又莊重。

袞服和朝袍作爲禮服在大典時穿用。一般常朝則穿吉服。吉服顏色用明黃，乾隆出於個人愛好，也穿藍、絳色。圖·❽是乾隆明黃緞繡五彩雲海金龍十二章吉服。前後身及兩肩繡正龍各一，下擺行龍各二，底襟一條。前後看去都是五條龍，總數是九條，是爲九、五之尊，象徵帝王之位。龍袍下擺的八寶海水，在波濤翻滾的水浪之上立有山石雜寶，除表示綿延不斷的吉祥含意之外，還寓「一統山河」、「萬世昇平」之意。

皇帝禮服四季用料不同。夏季穿紗，春秋季穿綢或緙絲，冬季穿緞及緙絲。披領、袖緣、裾襬緣的鑲邊用料也不同。春夏秋三季鑲片金

80

金地緙絲鳳穿牡丹 明

明代的鳳凰外形與宋元鳳凰接近,但頸部極細,以忍冬花枝狀作丫形連接;腹與尾部相接處有散羽,尾羽有時亦作忍冬花枝狀,其足如鶴,飛翔姿態優美。

81 康熙皇帝石青實地紗彩繡片金單朝服

清　長144.5cm　中國歷史博物館藏

此件單朝服是康熙皇帝(玄燁)穿過的。兩開襟、披肩、馬蹄袖,中腰有襞積,下為裳。肩部飾有柿蒂雲龍,裳飾膝襴海水雲龍,為石青實地紗加彩繡而成。織金雲龍八寶紋邊。附黃簽上題:「織石青實地紗片金邊單朝服,銅鈕扣。」

線的織金錦,冬季於片金緣之外再加鑲海龍毛皮緣。

黃色是五方正色之首,代表中央。自古以來就受到人們的尊崇,一直被奉為尊貴之色。《周禮》中規定天子「玄冠黃裳」。漢唐帝王服用黃色,並禁飭臣民使用。黃色被視為皇權的象徵。降及清代,尤其重視黃色的象徵意義,使用尤為嚴格。各朝定制都一再重申親王以下均不得用黃色及五爪龍鳳黃色緞。如有潛用,重罪不宥。

明清帝后的禮服常服一般由如意館畫師設計出圖樣,經審定之後,交辦江南織造定織。(圖‧❸)龍袍選料、織造技術的要求都很高,一般民間工匠無力承擔。例如一件妝花龍袍,要按照設計好的紋樣和實用尺寸通匹織造,一匹即是一件龍袍料。在織造過程中,織料的緯密必須

一致。由於妝彩部分和素地暗花部分厚薄懸殊,導致經面張力不勻,需要採取特別措施調整張力。

織造龍袍的提花機,比織造一般提花織物的機具更為複雜。《天工開物》第二卷《乃服‧龍袍》記載:「凡上供龍袍,我朝局在蘇杭。其花樓高一丈五尺,能手兩人,板提花本,織過數寸,即換龍形。各房斗合,不出一手……人工慎重,與資本皆數十倍。以效忠敬之誼。」(圖‧❽❹、❽❺)

故宮博物院保存有一件清乾隆皇帝的明黃直徑紗地、五彩加金戳紗繡、十二章彩雲金龍朝袍,是乾隆皇帝在夏季舉行重大國事活動時穿過的禮服。袍子上用大紅、粉紅、水粉、藍、淺藍、月白、綠、湖色、雪青、烟色、香黃、赤圓金、淡圓金等色線繡出十二章紋、各具姿

82

❶明黃緞繡五彩雲蝠金龍十二章吉服袍　清·乾隆

身長138cm・袖長83.5cm・下擺寬114cm

　袍服上繡十二章紋、雲蝠、團壽、金龍九條、海水江崖等。領緣、袖口爲石青緞地彩繡雲龍。九條金龍，四條正龍分別在前後胸、兩肩，四條行龍在前後襟裳部，又一條行龍繡於底襟。前後望去均爲五條龍，是爲九五之尊。

❷正龍局部

　清代的龍，強調其威猛莊嚴，給人不可親近之感。

❸彩雲蝙蝠

　雲紋是帝王禮服中不可缺少的裝飾，旣表現祥瑞之兆，又起烘襯作用。蝙蝠音通福，也是吉服上常用的圖案。

❹海水江崖

　吉服下擺必飾此紋，波濤翻卷，崖石挺立。意爲「福山壽海」。也表示皇權的天下一統。

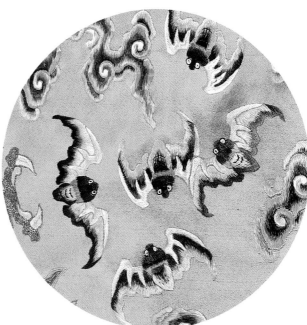

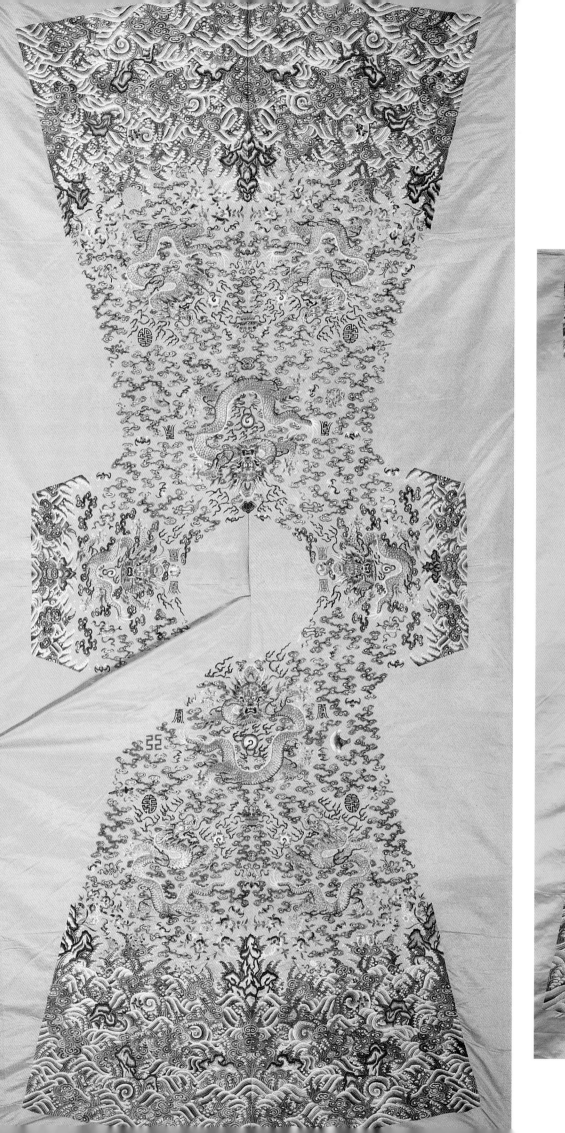

83

❶明黃緞繡五彩雲蝠暗八僊金龍十二章吉服袍料

清·嘉慶　身長147cm

　　袍料由兩幅明黃素緞拼成，中間圓形為開領
處，底襟部分與左袖相連。縫製時，沿刺繡圖案
的邊緣，剪去多餘的料子，只剩繡好的袍服面，
再配上相應的領、袖和裡襯。龍袍的顏色和圖案
都是按照典製嚴格使用的。

❷底襟

❸暗八仙

　　「八僊」是中國古代神話傳說中的八位神僊：

鐵拐李、漢鍾離、張果老、何仙姑、藍采和、呂
洞賓、韓湘子、曹國舅。八位僊人所持的法寶被
稱為「暗八僊」，是清代織繡品中常見的圖案。

❸-1葫蘆

❸-2扇子

❸-3寶劍

❸-4花籃

❸-5玉板

　　還有魚鼓、洞簫和蓮葉。

84

❶織金妝花緞五彩雲龍吉服袍織成前襟　　清・康熙

身長144cm・底擺130cm

　這件袍料用料貴重，質地厚挺。以捻金線織地，用金量大。龍紋、雲紋對稱，莊重大氣，線條流暢而不呆板，充分體現皇家氣派。

❷局部

態的四十三條金龍及彩雲、金壽字、水浪紋等。據清宮檔案記載，織繡這樣一件朝袍，地子要用幅寬二尺八寸的加重明黃直徑紗兩丈五尺。披肩、袖頭、綜袖要用二尺一寸寬加重石青直徑紗六尺。共用各色絨絲二十六兩二錢四分，洋金線十六兩四錢，繡匠（包括繡五彩工、繡洋金龍工、畫樣過粉工）九百一十八工。

龍袍中的龍紋多由金線織繡而成。織物的用金在漢代已經出現。湖南長沙馬王堆一號西漢墓發現了用金粉印花，用金線繡花的絲織品。《三國志・魏志・夏侯尚傳》中記載，當時的公、列侯、大將軍，都必須穿用綾、錦、羅、綺、素及金銀縷飾加工的衣物。降及元代，蒙古族尚金，大量織造納石矢（織金錦）。穿用織金織物成為風尚。明清兩代，繼承了這種用金的傳統，織金技術進一步發展，金線在織繡品中的應用更為廣泛。

古時以手工的方式撚製金線，工藝非常繁複。根據南京龍潭和蘇州等地民間藝人製作金線的傳統方法，其製作分為八個過程：

❶將金塊熔化，凝成片形。

❷將片形金錠切成一至二兩重的金塊，算做一「作」；用錘砧成厚僅零點零一毫米的金葉，分割為一百二十八片，錘打過程中要不斷退火，以保證金子的溫度。

❸初下料，將分割後的金片每片再分成十六片，分層夾入烏金紙中。

❹將烏金紙放在平砧上錘打四至四個半小時。

❺再下料：將打過的金箔用竹挑棒逐張移入大烏金紙中。

❻將大烏金紙和金箔用雙層牛皮紙裹妥貼牢，放在石礅角上由二人錘打。

❼將打好的金箔用竹刀切割成規定尺寸。

❽用羽毛刀將金箔移入竹紙內成包。

有了金箔便可以製作片金線和撚金線。片金線的製作要經過褙金、砑光、切箔的工序。片

金線可直接用來織造織物，也可以旋繞於蠶絲線外，製成撚金線。由此可見製作過程之繁複。（見黃能馥「印染織繡工藝美術的光輝傳統」〔下〕，《中國美術全集》，工藝美術編，印染織繡〔下〕）

明清時期使用的金線有赤金、黃金、白金（銀）三種，細的片金寬僅零點二毫米，細的撚金線直徑粗僅零點一五毫米，工藝製作之精為歷史所僅見。清刺繡九龍墊料（圖・❽）就使用了赤金、黃金兩種撚金線。

龍紋、十二章紋以外，龍袍中常用的裝飾還有五彩祥雲、蝙蝠、暗八僊、八吉祥、雜寶紋等。（圖・❽、❽、❽）

❖標誌百官等級的補子圖樣

既然服飾是統治者「嚴內外，辨親疏」、「分等級，定尊卑」的工具，那就應當「上下有章，等威有辨」。明清兩代冠服制度對文武百官庶人商賈的服式也都做有規定。服隨官定，以防「竟為奇服以亂典章」。

舊時官吏分為九品，文武均同。明初，官員的品級只能從服飾的顏色及圖案花紋上區別。如一至四品緋色，五至七品青色，八、九品綠色，其圖案花紋，一品大獨科花，徑五寸；二品小獨科花，徑三寸；三品散搭花，徑二寸；……八品以下無花紋，品階的區別不是一目了然。直到明洪武二十四年（公元1391年）補子制度的定立使官員的品級在官服上有了明顯的標識。明代對前代官服繡飾動物的傳統做了具體規定：公、侯、伯、駙馬的補子繡麒麟白澤，官員是文禽武獸，以禽象其文采，以獸象其猛鷙。

文官——一品仙鶴，二品錦雞，三品孔雀，四品雲雁，五品白鷴，六品鷺鷥，七品鸂鶒，八品黃鸝，九品鵪鶉，雜職練鵲，風憲官獬豸。

武官——一、二品獅子，三、四品虎豹，五品熊羆，六、七品彪，八品犀牛，九品海馬。（圖・❾）

85

❶妝花緞五彩雲龍吉服袍　清‧康熙

身長142cm‧袖長86.5cm‧下擺112cm

這件吉服袍織造精良，平整挺括，華貴莊重。

❷海水雜寶，下擺局部。

❸領及胸前正龍

圓領、右衽，繡雲龍紋，邊鑲「卍字不到頭」織金緞。胸前正龍取坐勢，是龍紋中最莊重、正規的姿態。袍料用色、用金純正。地爲八枚緞，光滑如鏡。紋飾色彩變化豐富，可見織造技藝之高超。

86
明黃緞地彩繡九龍墊面　清
長117.5cm・寬132cm

　　作為帝王的象徵，龍的形態又有諸多變化，如盤龍、坐龍、行龍、升龍、降龍、龍教子、龍生九子等。這幅墊面大龍、小龍雜處，又稱子孫龍。

87

❶明黃緞繡五彩雲龍吉服袍 清‧雍正

身長144cm‧袖長87cm‧下擺124cm

這件吉服袍為圓領、右衽、馬蹄袖，左右開裾。以明黃色素緞作袍面，全身以捻金線和五彩絲繡成花紋。以九條大龍為主體紋飾，周圍點綴彩雲、

蝙蝠、雜寶。袍前後襟下幅繡海水、壽山紋。

❷行龍局部

龍紋以金線平金繡法組繡，金色純正，熠熠生光。

❸海水江崖

❶明黃緞繡五彩雲蝠八吉祥金龍吉服袍　清·乾隆

身長146cm · 袖長87cm · 下擺140cm

　此件吉服袍圓領、右衽、馬蹄袖、銅鈕扣。在主體龍紋周圍繡彩雲、紅蝠、八吉祥紋，下幅繡八寶平水、立水、壽山紋。紋飾華美，鋪排得當。領緣、袖口、中袖、下擺形成幾處裝飾帶，對稱平穩。使用的針法有平金、釘線、套針、反戧等。配色和諧，金、彩輝映。

❷前襟正龍

　清代龍袍中龍的造型威嚴有餘，靈氣不足，有老態龍鍾之感。領緣的質地與圖案典制中也有規定。這件吉服袍領緣爲藍緞地彩繡雲蝠、海水江崖、金龍。藍色織金妝花緞鑲邊。

❸下擺局部，海水江崖。

❹八吉祥紋

　法螺、法輪、寶傘、白蓋、蓮花、寶瓶、金魚、盤長被稱爲八吉祥（或稱八寶），是佛家常用的象徵吉祥的八件器物。據《北京雍和宮法物說明冊》載：法螺，佛說具菩薩果妙音吉祥之物。法輪，佛說大法圓轉萬劫不息之物。寶傘，佛說張弛自如，曲複衆生之物。白蓋，佛說遍複三千淨一切藥之物。蓮花，佛說出五濁世，無所染著之物。寶瓶，佛說福智圓滿，具完無漏之物。金魚，佛說堅固活潑，解脫襀劫之物。盤長，佛說回環貫徹，一切通明之物。

❸-1法螺　　　　　　　　　❸-5蓮花

❸-2法輪　　　　　　　　　❸-6寶瓶

❸-3寶傘　　　　　　　　　❸-7金魚

❸-4白蓋　　　　　　　　　❸-8盤長

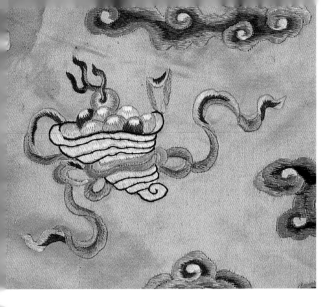

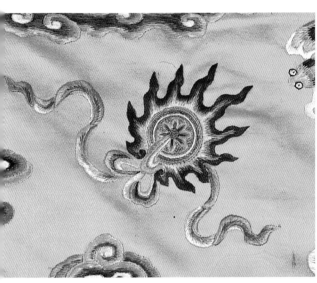
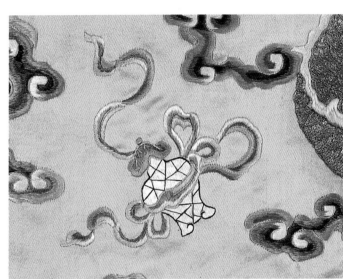

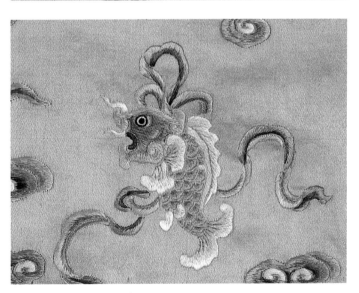

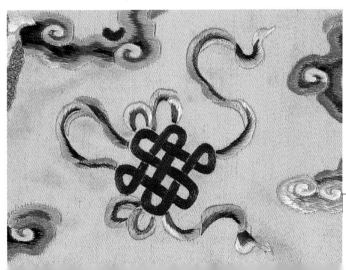

　　清代沿襲了明代的補子制度，並對之進行了
完善，發展為補服罩在朝袍或吉服外面穿用。
上至皇帝，下至未入流的小官皆用石青色，不
飾花紋，其王、文武官員的品級由所綴補子來
區別。

　　補子又分為圓、方二種。以圓補為貴，皇帝
皇子及親王用圓補。（圖·❾）皇帝的補服即袞
服，圖樣是直接繡上的。皇子的補服也是繡的，
叫龍褂。親王以下皆稱補服。

　　清代文官一至七品補子圖案與明代相同，八
品改為鵪鶉，九品及未入流繡練雀。武官補子
圖案區別較明代為細，一品麒麟，二品獅子，
三品豹，四品虎，五品熊，六品彪，七、八品
犀牛，九品海馬（《皇朝通志》58卷）。（圖·❾）

　　清代皇家宗室的補服和補子，均由江南三織
造定做，尺寸、圖案都有嚴格規定，用料講究，
做工精細。

　　官員的補服和補子，由本人按典章制度自
備。清代有專賣補子的店鋪，做工和紋樣不盡
相同。

❖宮中節令服飾紋樣

　　舊時民間依歲時節令而進行的風俗娛樂活動
和穿衣打扮，也影響到宮廷，給單調的宮廷生
活帶來一些生氣。明清時期，宮廷一年四季也
隨時令活動改換應景花樣。《酌中志》卷十九
《內臣佩服紀略》和卷二十《飲食好尚紀略》
記載了明朝宮中四季服飾紋樣的使用情形。

　　正旦節——自年前臘月廿日祭灶之後，宮
眷、內臣即穿葫蘆景補子及蟒衣。葫蘆象徵子
孫萬代之意。明朝宮廷的常服和便服也用補

89

如意雲、海水、紅蝠

　龍袍上使用的紋樣都具有吉祥的含義。如紅蝠、海水喻福海。

90

官員補子　清

子，但紋樣內容和官服的補子不同。（圖・❸-1）

　元宵節──正月十五日上元節，也叫元宵節，宮眷內臣穿燈籠景補子蟒衣，紋樣是燈籠紋，燈籠紋錦是宋代流傳下來的傳統格式，又叫「天下樂錦」。取五穀豐登等吉祥之意。（圖・❸-2）

　清明節──三月初四日，宮眷、內臣換穿羅衣，清明節穿鞦韆紋衣服。因為盪鞦韆是清明節的重要娛樂活動。

　端午節──五月初一起至十三日止，宮眷內臣換穿五毒艾虎補子蟒衣。紋樣是蝎、蛇、蜈蚣、壁虎、蟾蜍和口啣艾枝的老虎。

　七夕節──七月初七日，宮眷穿鵲橋補子。因為這一天，喜鵲搭橋使牛郎織女夫婦在天河相會。

　中秋節──八月十五中秋節宮中賞秋海棠、玉簪花，穿月兔紋衣服。中國古代神話傳說月中有玉兔搗藥，遂以兔為月亮的代稱。（圖・❸-3）

　重陽節──宮眷內臣自九月初四日換穿羅，服重陽景菊花補子蟒衣。（圖・❹-1）

　十月──初四日，宮眷內臣換穿紵絲，每歲小雪之後至立春之前，羊絨衣服隨紵絲穿之。

　冬至──十一月冬至節，宮眷、內臣皆穿陽

148

洒線繡雲龍團補　明・萬曆　直徑37cm

92

納繡麒麟圖　清初

93

❶大紅吉祥事事如意葫蘆紋　明

❷茶綠燈籠紋　明

❸木紅奔兔八寶折枝紋　明

生補子蟒衣。冬至後陽光直射的位置向北移動，白晝漸長，故謂「冬至陽生」。陽與羊同音，在補子上織繡童子騎羊的紋樣，稱作陽生補子。（圖・❾❹-2）

　　一年景——以春旛（旗旛）、燈球（球形的燈籠）、競渡（龍船）、艾虎（嘴唧艾枝的虎）、雪月（雪景）等景物，或以桃、杏、荷、菊、梅等花卉並合組成的紋樣，象徵一年的景物，稱為「一年景」紋樣。（圖・❾❹－3）

　　萬壽聖節——皇帝生日稱為「萬壽聖節」，穿「萬萬壽」、「洪福齊天」（用彩雲、紅日、紅蝙蝠象徵）紋樣衣服。（圖・❾❺、❾❻）

　　頒曆——皇帝改換年號，頒布新曆，穿寶曆萬年紋樣衣服，取八寶、荔枝、卐字、鮎魚的形象組合而成，取其諧音隱喻「寶曆萬年」。

　　喜慶——遇誕生、婚禮、尊上徽號，冊封大典、國喜，穿金喜字衣服。（圖・❾❼）

清朝慈禧太后當政時，宮廷四季服飾紋樣
爲：春季用牡丹花，夏季用荷花，秋季用菊花，
多季用黃色的臘梅花。

●民間百姓喜愛的吉祥圖案

中國傳統紋樣浸融了豐富的民俗傳承、審美
內涵和人生理想，和詩一樣，在歷史的長河中，
或低吟淺唱，或豪放高歌，是社會政治、文化、
經濟、倫理觀念的形象表徵。商周青銅器犴屬
的饕餮紋表現出神權的威嚴，兩漢魏晉的畫像
磚表現的是慕道求仙的宗教思想，唐代的蓮花
寶相反映了佛國世界的純潔安寧和社會的安定
及經濟的富足；宋錦則表現出理性的嚴謹。

94
❶茄色折枝菊花蜂蝶紋　明
❷降紫折枝花綿羊太子紋　明
❸藍色纏枝花卉紋　明

明季商品經濟的發展與繁榮，市民階層的興
起，對社會生活的風尚與愛好產生了明顯的影
響。這種市俗化的審美趣味，遠離了文人士大
夫的嫻雅、純粹和超然物外，表現出對現實生
活的眞實感受和對榮華富貴的直露的欽羨渴
望。傳統的祥瑞觀念與封建上層社會企求皇權
永固，追慕長生不老的超越現實的神仙思想及
近代資本主義的民主性互相滲染、混溶，演變

95

緙絲靈僊萬壽四蒂雲龍聖壽齊天袍服局部

清初　長301cm，寬135.5cm

柿蒂內織正龍四條，頭頂如意紋，並織「聖壽齊天」四字。柿蒂外飾靈芝紋、卍和壽字，意為靈僊萬壽。

96

明黃緞繡雲龍團壽吉服袍　清

這件袍服除雲龍紋外，前後襟及兩袖飾團壽一百多個，盡可能地體現長壽的主題。

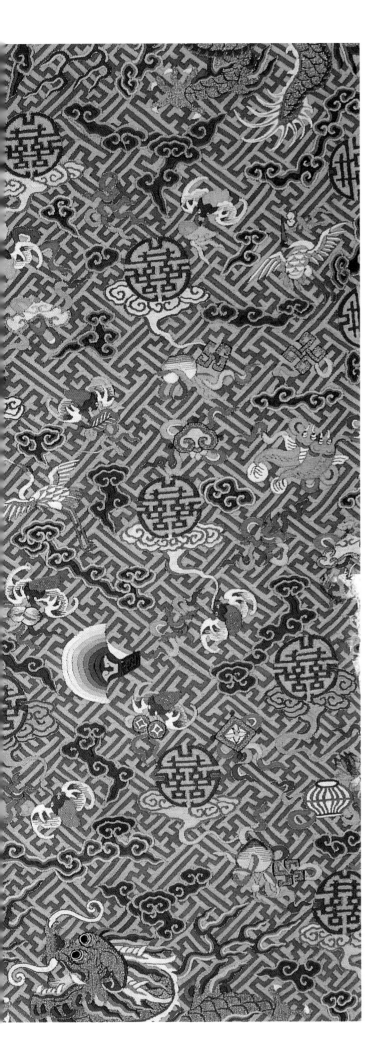

97
緙絲五彩雲龍十二章團喜八吉祥吉服袍局部　清

「囍」字通過變形成爲圓形，表示著喜慶圓滿。
每一個團喜字都和一種祥瑞之物相連，如仙鶴、
紅蝠、八吉祥紋等，更增添了祥和的氣氛。

98

刺繡樓台仕女圖 清

仕女畫是中國傳統繪畫中一個獨立的題材，清
雋秀雅，爲人所愛。明清織繡圖案中亦常用仕女
題材。

99

蘇繡八僊祝壽圖 清

八僊是人物題材中最受喜愛的。八位神僊各執
寶物，俱有神通。這幅八僊祝壽描繪八僊於蟠桃
盛會爲西王母慶壽的情景。

爲吉祥如意、福貴平安的趨利避害的吉祥意
念，這種意念廣泛運用於當時的各門類工藝製
作中，成爲從封建上層到平民百姓各個階層都
能接受的吉祥圖案。這一潮流主導了明清二代
的工藝圖案，清代發展到極至，所謂「圖必有
意，意必吉祥」。

明清時期絲綢紋樣的設計順應了這一歷史潮
流。爲迎合官、商、士、民等不同消費層的趣
味，吉祥圖案的應用就更爲全面，成爲當時各
種階層不同審美思想的折射。

❖**豐富多彩的吉祥圖案**

在吉祥如意的主題之下，明清時期絲綢紋樣
的題材廣泛至極。人物、動物、植物、幾何圖
形、器物、自然氣象、文字等無所不用。

人物——嬰戲、仕女、佛像和神話、歷史人
物；（圖·❾❽、❾❾、⓿⓿）

動物——龍鳳、麒麟、鹿、獅、鯉魚、鮎魚、
蝴蝶、喜鵲、僊鶴、鴛鴦、孔雀、五毒、錦雞、
蝙蝠、蜜蜂等；（圖·⓿❶、⓿❷、⓿❸）

植物——常見花卉題材有梅花、牡丹、蓮花、
菊花、芙蓉、玉蘭、海棠、水僊、萱草、茶花、
桃花等。蔬果類有桃、石榴、佛手、柿子、葡
萄、荔枝、葫蘆、瓜等；竹木類有竹子、松樹、
梧桐樹等；（圖·⓿❹、⓿❺）

自然氣象紋——雲紋、水紋、火、日、月、
星、冰紋等；（圖·⓿❻、⓿❼）

幾何紋——卐紋、魚紋、方勝、鎖子、雙距、
菱格、八答、六答、盤縧等；（圖·⓿❽）

器物——如意、燈籠、金銀錠、八吉祥、暗
八僊、博古等；（圖·⓿❾-1、2、❶⓿）

100
蘇繡加官圖　清

長175cm・寬76.5cm

　人物圖案中有許多盼望子孫一帆風順，入仕及
第，富貴綿長的題材。如百子圖中的冠帶流傳，
琴棋書畫，加官進爵等。

101
金地緙絲長壽如意圖　清

　仙鶴象徵長壽。陸璣《毛詩疏》有「鶴壽千歲」。
王建《閑說》詩有「鶴壽千年也未神」。明清絲綢
紋樣中仙鶴與祥雲、松、鹿等組合均象徵長壽。

102

❶彩繡龍紋　明

❷緙絲鳳紋　明

❸緙絲蝙蝠紋　清

　蝙蝠是福的象徵。紅蝠與雲紋、如意頭、壽字、
卍字、仙桃組合寓意「洪福齊天」、「福壽如意」、
「萬福長壽」。

103

❶納繡瑞獸僊禽圖　清

　　圖中繡了虎、豹、獅等走獸和鳳凰、仙鶴等禽
鳥。形象華美，具有強烈的裝飾感。獅子圖案是
自然形獅子的變形，具有中國民族特色。在許多
工藝門類中都有應用。獅子滾繡球是喜慶的表
示。又以大小獅子相嬉比喻「太師少師」。

❷局部

老虎是百獸之王，一種凶猛的動物。而在傳統紋樣中，它有避邪除惡的作用。如民間兒童的虎鞋，五毒紋中的艾虎。天上的儔禽翱翔於彩雲間，地上的瑞獸奔馳於百花叢，表達人們嚮往和平吉祥的願望。

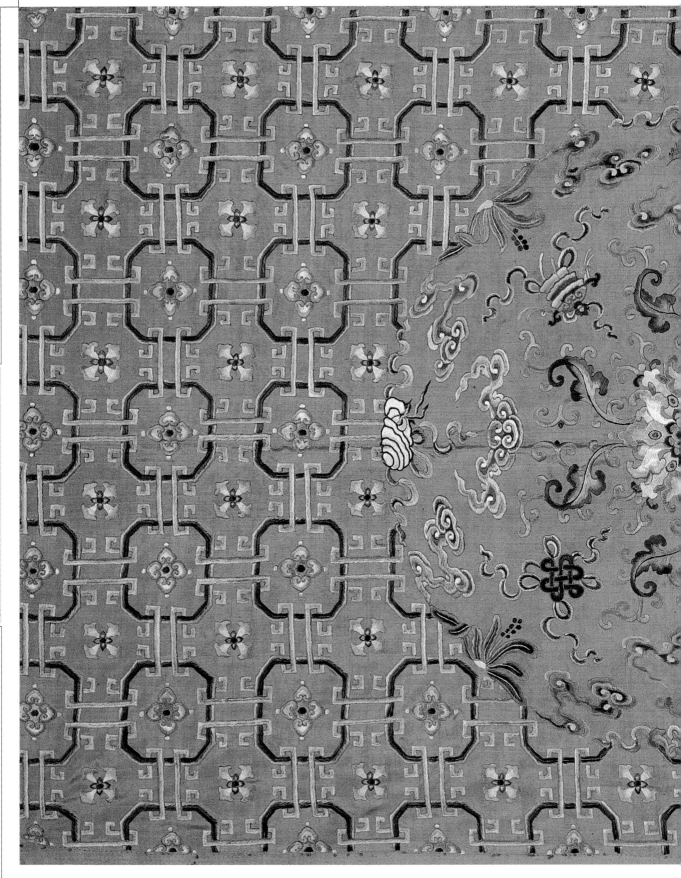

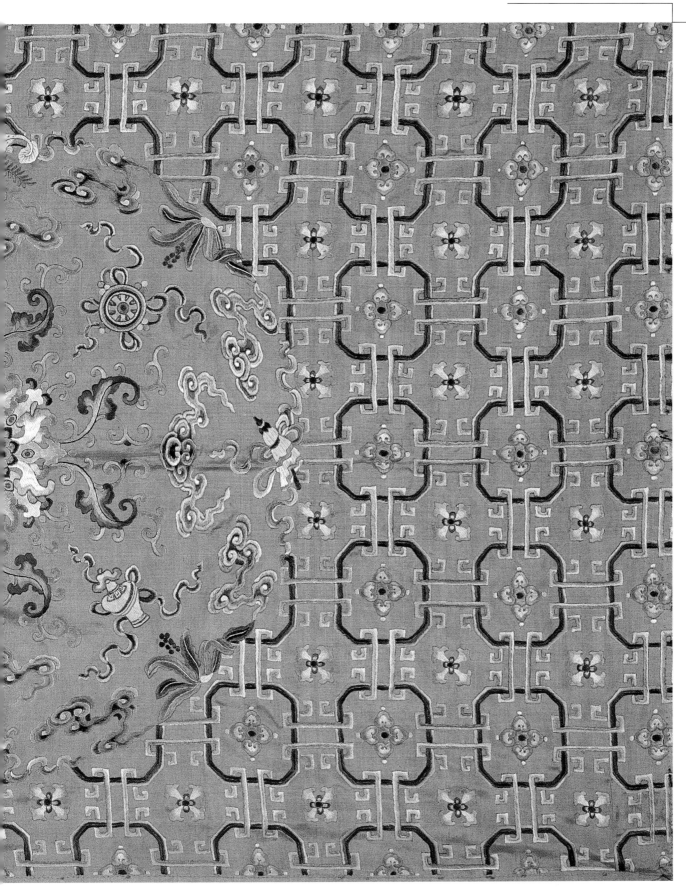

104
刺繡蕃蓮八吉祥四合片　清・乾隆

105

刺繡牡丹萬福　清

　　牡丹歷來有「國色天香」、「花中之王」、「富貴花」等美名。其香氣濃郁，色艷出眾，具有富貴氣象，是人們最爲喜愛的裝飾紋樣。明清時期，廣泛應用於日常生活，絲織品尤盛。明清織繡中，以牡丹爲主配以其它紋飾組成內涵豐富的吉祥圖案。如牡丹配海棠寓意富貴滿堂；牡丹與係帶子的卍字意爲富貴萬代；牡丹配石榴寓意富貴多子，等等，不勝枚舉。

106

雙合雲紋漳絨　清

　　龍飛鳳舞離不開雲。明清時期的雲紋以朵雲和骨朵雲爲特徵。朵雲如四合雲、和合雲，明代多見；骨朵雲形似珊瑚，以若干如意頭相連，以清代龍袍上的較爲典型。雙合雲是兩個如意頭斗合，四角又伸出小勾雲。

107

❶繡四合雲、三合雲、臥雲等　清初

❷靈芝雲　清初

明
清
織
繡

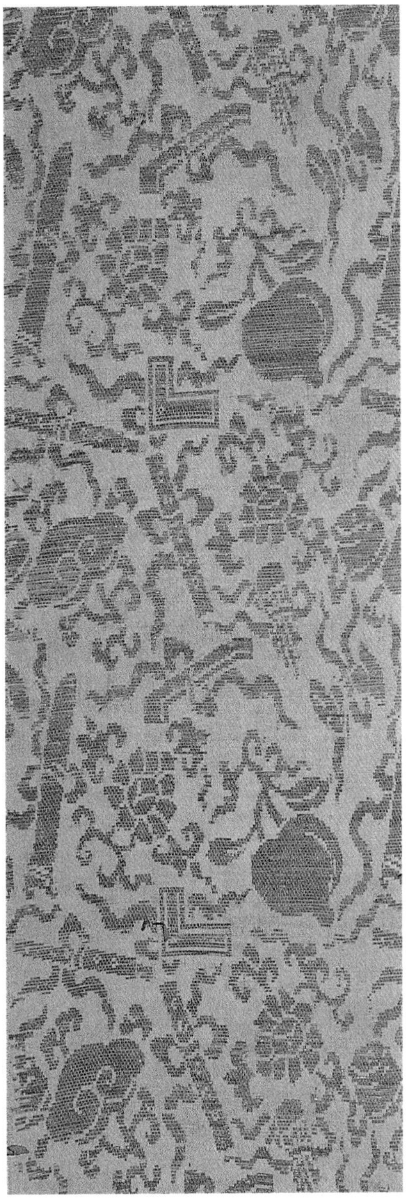

109

❶米色折枝桃八音紋織金緞 明

八音指鐘、磬、琴、簫、笙、塤、鼓柷（音祝）、圉（音語）八種樂器，也是中國古代對樂器的總稱，指金、石、土、革、絲、木、匏、竹八類。

❷大紅八音飛鶴兩色羅 明

❸大紅五湖四海織金緞 明

以五只葫蘆和四片海棠葉組成圖案，意爲「五湖四海」。

108

幾何紋錦 明

左圖爲八答暈錦，以團龍形爲中心，四周有骨架線向上下左右及斜角八個方向相聯。

右圖爲四答暈錦。骨架線向四個方向相聯。

110

❶雜寶紋 清

　　雜寶紋由古代一些常用的吉祥和貴重物品組成。如珠、錢、銀錠、珊瑚、磬等。雜寶紋常配合主體紋樣，裝飾於織物上，數量不定，組合自由。

❶-1 金錢

❶-2 磬

❶-3 銀錠

❶-4 方勝

❶-5 象牙

❶-6 珊瑚

❶-7 海螺

❷繡博古圖屏心　清

　博古圖由一些造型優美的青銅器和瓷器、文玩
以及四季花果等組成，清逸雅致。

文字——福、壽、喜、祿、大吉、平安等。
（圖·⑪）

古人運用寓意、諧音等手法，使這些紋樣具有了吉祥的含義。

寓意——在歷史發展過程中，許多紋樣被人類賦予了特定的含義。這裡有些是自然現象表露出來的，如以鴛鴦代表夫妻恩愛；而有些則具歷史傳承，是約定俗成的。如石榴寓意多子，雞有五德，麒麟含仁帶義，松竹梅代表了清高正直的品德，牡丹喻示富貴，松鶴代表長壽。
（圖·⑫、⑬、⑭）

諧音——利用某種事物名稱的諧音構成吉祥詞語。例如：蝙蝠代表福，磬與魚為吉慶有魚；鹿代表祿，瓶代表平安，金魚代表金玉，荷花代表和等等，名目繁多。（圖·⑮、⑲-3）

文字——當含義表述不清或需要進一步強化，往往直接用文字表示，並通過對字體的變形，獲得優美的造型。（圖·⑯、⑰）

在具體的紋樣設計中，以三種手法配合使用的也較為常見。如以靈芝、竹子、壽字配合意為靈僊祝壽。

從衛杰《蠶桑萃編》所錄花樣中可見當時紋樣名目之豐富繁多。

貢貨花樣——有天子萬年、江山萬代、萬勝錦、太平富貴、萬壽無疆、四季豐登、子孫龍、龍鳳僊根、大雲龍、如意連雲、朝水龍、八僊祝壽、二龍二則、八結龍雲、雙鳳朝陽、壽山福海等。

時新花樣——有富貴根苗、四則龍、福壽三多、團鶴、樵松長春、聞喜慶、五子奪魁、歡天喜地、松鶴遐齡、富貴白頭、大菊花、大山水、大河圖、大壽考、大博古圖、大八僊、大

八吉、花卉草蟲、羽毛鱗介、錦文等。

官服花樣——有二則龍光、高昇圖、喜慶大來、萬壽如意、一品當朝、喜相逢、圭文錦、忠孝友悌、百代流芳、奎龍圖、秋春長勝、五福捧壽、梅蘭竹菊、僊鶴蟠桃等。

吏服花樣——有窩蘭、八吉祥、奎龍光、傘八寶、金魚節、長勝風、三友會、枝子梅、萬里雲、水八寶、旱八寶、水八結、旱八結、花卉雲、走獸圖、佛龍圖等。

商服花樣——有利有餘慶、萬字不斷頭、如意圖、五福壽、海棠金玉、四季純紅、年年發財、順風得雲、小龍頭、百子圖等。

農服花樣——有子孫福壽、瓜瓞綿綿、喜慶長春、六合同春、巧雲鶴、金錢博古、串菊枝菊、水八僊、暗八僊、福壽綿綿等。

僧道服式——有陀羅經、福帶、舍利子、八結祥、串枝蓮、蓮臺上寶、佛貢碑、藏經字譜、金壽喜圖、其花在甲。

從上面所列的各類花樣來看，無論採用哪一種手法，吉祥紋樣所表現的主題都是富貴壽喜、平安幸福的人生理想與追求。

寓意、諧音等手法的運用，使紋樣具有了吉祥的含義；獨到的設計和豐富的構成形式使紋樣更加賞心悅目。

❖明、清絲綢圖案的構成形式

明清時期絲綢圖案的構成主要採用了連綴、散點、幾何形、幾何紋加花幾種形式。

纏枝蓮雲

連綴式——有二種：一種是纏枝式，有纏枝牡丹、菊花、荷花、茶花等，並不限於蔓枝類

111

❶ 欄杆紋奔兔「富貴長命」蜀錦　明

❷ 藍地葫蘆形「五穀豐燈」燈籠錦　明

❸ 木紅「平安大吉」潞綢　明

五福齡椿報喜

112

蘇繡五福齡椿報喜圖 清

椿樹下一名錦衣童子手持挂鞭歡快地奔來，兩隻喜鵲伴在他的身邊似在傳遞喜訊，五隻紅蝠在天空盤旋，預示福從天降。

113

❶蘇繡三星圖 清

長158.5cm・寬100.05cm

三星指福祿壽。福星，古稱木星為歲星，所在有福，故稱福星；祿星，《論語》說人有命有祿，命者富貴貧賤也，祿者盛衰興廢也；壽星，即南極老人星，祠之以祈福壽。在明清吉祥圖案中，這三星分別代表了福氣、富貴、長壽。

明清織繡

178

114

緙絲五福捧壽萬象如意椅披 清初

長191cm・寬52cm

___

　　這件椅披由上至下分別緙織了纏枝寶相、五福
捧壽、正龍雲水、彩蝶夔龍和白象珊瑚、雜寶、
海水山崖等，具有多重的吉祥含義。其中白象謂
太平有象，是天下太平、五穀豐登的象徵。

115

❶喜慶有餘

❷和合二僊

　　又稱和合二聖，代表唐代二位高僧寒山與拾得。後世畫二人像，均蓬頭笑面，一持荷花，一持圓盒，借「荷」與「合」同音，取和諧合好之意。

❸鯰魚

　　取年年有餘之意。

❹如意萬壽

　　如意本佛具，後世以玉石製，其端作靈芝形或雲形，以供玩賞，其如意之名，吉祥也。明清絲綢圖案中，常將其簡化取前端靈芝形，為如意頭，與其它紋樣配合，如平安如意，萬事如意、和合如意等。

●黃緞繡壽字勾蓮紋靠墊　清

　　墊心一個大大的壽字由骨朵雲紋組成，外層是
萬字與靈芝紋排列出的圖案，竭力突出萬壽的主
題。

❷靈芝萬字局部

緙絲五彩雲龍百壽袍　清‧康熙

身長146cm

袍服上的壽字，以不同的寫法，求得外形上的
變化，達到多樣的裝飾效果。

花卉。它由唐宋發展而來，明代得到廣泛的應用，主要由花頭和葉莖組成，花頭大而豐滿，一般作正面俯視，葉莖則以圓形、S形等多種形態環繞交切，多用於綢緞織錦紋樣。（圖‧❶❻）另一種形式是花紋呈波浪型連續循環作橫向或斜鰭貫通全幅，形成富於動感和韻律變化的紋樣格式。如祥雲紋。

折枝團花

散點式——有規則散點和自由散點。如折枝花、團花、簇花等。運用規則散點構成的紋樣主要有團花式。如把龍鳳、花卉等作為單位紋樣組合變化成圓形或近似於圓形，再按照幾何形骨架進行排列。為了不使圖案顯得呆板，往往在主體花紋之間以蜂蝶、流雲作點綴，靜中有動。自由式散點構成是明清絲織紋樣設計較常用的一種形式。如折枝花、小簇花、人物、風景、器物、花鳥等，用寫實的手法把紋樣作

多散點的自由排列，花型適中自然生動，較好地處理了地與紋、紋與紋之間的對比呼應關係，疏密得當、主次分明。隨著織造工藝的進步，清代折枝花卉的紋樣循環越來越大，更加講究佈局。

方圓規矩

幾何式——幾何形的構成形式在織錦紋樣中使用較多。它由垂直線、水平線和對角線構成基本骨架，在線的交叉點套以圓形、方形或多邊形，並在形內填飾自然形花紋，在形外空間填繪小幾何紋。

錦上添花

幾何紋加花——它是在規整圖案紋上加花的兩層式構成。這種構成一般是以細小均勻的幾何紋或模擬自然紋作地紋，如工字紋、卍字紋、龜背、瑣文、菱格紋、球路紋和流雲紋、冰紋

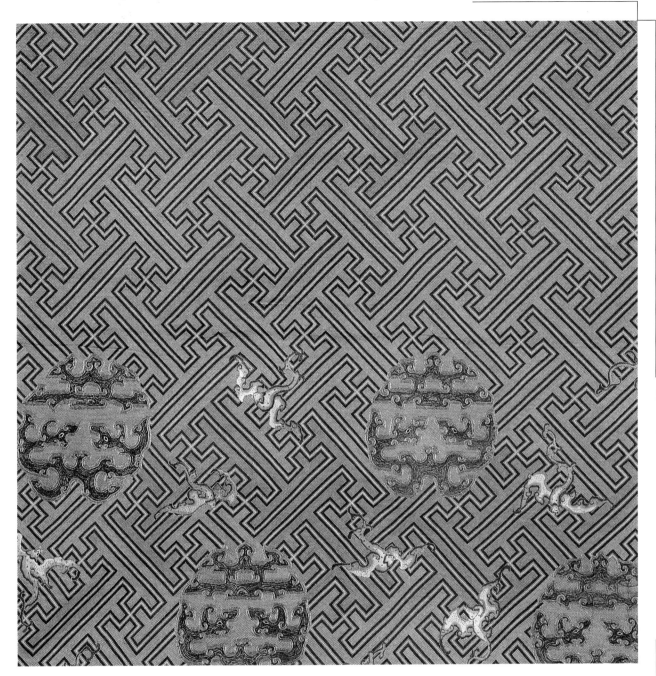

118
黃地纏枝蓮紋兩色緞 　清

119
納繡萬福夔龍片 　清

　在「萬字不斷頭」的地紋上繡蝙蝠，夔龍，爲
幾何紋加花的二層構成。

等。地紋上再加飾自然形花紋，有花卉、也有動物，作散點排列。這種設計在明清各類絲織品中最常見，典雅而不失活潑。

　　在地紋中，以卍字紋的使用最廣，因為它有綿延不斷的含義，叫做「萬字不斷頭」。與牡丹配合，意為富貴萬代；與桃、鶴配合，意為萬壽無極，與蝙蝠、壽字、靈芝等配合，意為福壽萬代；與蓮花配合，稱作萬世不滅，等等。此外，龜背紋、工字紋、瑣文等也較常見。（圖·⓳）

　　以自然紋作地的紋樣中，有一種冰梅紋是模仿南宋官窯瓷器的開片紋，別出心裁地配飾梅花，以梅的高潔、冰的清冷象徵一種孤高、清雅的氣質。在形式上，也具有較強的美感。（圖·⓴）還有以流雲作地紋，一般配飾仙鶴、飛雁或龍鳳，具有自然界的空闊意境，同時也能體現古代文人孤鶩野鶴的清高和士庶各階層對龍鳳呈祥的企盼。

　　落花流水紋不僅是錦上添花兩層式構成中的最成功範例，也是明清絲織品中最富詩境的紋樣。落花流水紋又名「紫曲水」，創織於宋，但無實跡可考，多見於明清織物中。取唐詩「桃花流水杳然去」、宋詞「花落水流紅」的詩境。一般是在參差的水紋之上以梅花、桃花等朵花相配。水紋的變化異常豐富，或澎湃湍急，或旋渦婉轉，或平波微瀾。流水托載著一朵朵的落花，波隨風動，花逐水流，造型優美，匠心獨運，通過對自然景物的自由取捨和藝術再加工，刻劃出流水落花，悠然而去的動人情態。尺幅之間給人以「獨有梅花落，飄蕩不倚枝」、「花自飄零水自流，一種相思，兩處閑愁」的人生感悟。（圖·㉑）

　　幾何紋與自然花紋的組合還有一種錦地開光的形式，一如瓷器和書畫裝裱的開光格式，在細密規則的地紋中留出或圓形、或方形、或多邊形乃至植物形的光潔空地，在空地中填飾主體花紋。紋樣疏密有致，主題突出，有較強的裝飾感。（圖·㉒、㉓）

　　明清織繡紋樣內涵豐富，形式多樣，帶給人們物質生活和精神生活的雙重享受，也使織繡印染品具有了永恆的生命。

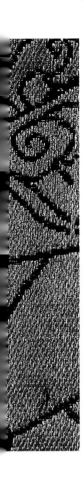

120

冰梅紋織金錦 清

　遍地金地，花紋爲冰紋、梅花、竹葉、
靈芝等。

121

木紅落花流水棉錦 明

122

如意坐龍加金錦 清

　　在錦紋地上留出圓形開光，內織雲龍紋。花紋
繁複。

123

❶藍綠團龍方棋加金錦　明

❷醬色方棋朵花棉錦　明

❸綠地松竹梅閃緞

【參考書目】

《◆論著◆》（按著者姓氏筆劃次序排列）

❶ 王岩，明定陵出土絲織品研究，中國考古學研究，文物出版社，1986

❷ 包銘新，中國古代的雙層錦，絲綢，1984(8)
我國明清時期的起絨絲織物，絲綢史研究，1984(4)

❸ 朱培初，中國的刺繡，人民出版社，1987

❹ 李仁溥，中國古代紡織史稿，岳麓書社，1983

❺ 李英華，豐富多彩的清代錦緞，故宮博物院院刊，1987(3)
略述我國古代的紗織物，故宮博物院院刊，1984(2)
談潞綢，絲綢，1990
清宮御用三大絲織中心簡述，故宮博物院院刊，1990(2)

❻ 沈從文，中國歷代服飾研究，商務印書館，香港分社，1980

❼ 回顧，中國絲綢紋樣史，黑龍江美術出版社，19 90

❽ 吳淑生等，中國染織史，上海人民出版社，1986

❾ 周錫保，中國古代服飾史，中國戲劇出版社，1984

❿ 徐仲杰，南京雲錦史，江蘇科技出版社，1985

⓫ 都一兵，紅樓夢中的工藝品，北京工藝美術出版社，1990

⓬ 區秋明，說絨，絲綢，1987(10)

⓭ 張道一，中國印染史略，江蘇美術出版社，1987

⓮ 張宏源，談妝花織物與掛經織物，故宮博物院院刊，1988(4)

⓯ 陳娟娟，明清宋錦，故宮博物院院刊，1984(4)
明代提花紗、羅、緞織物研究，故宮博物院院刊，1986(4)、1987(2)
清代的小件紗繡品，故宮博物院院刊，1980(1)
明代的絲綢藝術，故宮博物院院刊，1992(1)、(2)

⓰ 趙豐，絲綢藝術史，浙江美術學院出版社，1992

《◆圖錄◆》

❶ 高漢玉等，中國歷代織染繡圖錄，，商務印書館香港分館，1986

❷ 黃能馥，中國美術全集、印染織繡（下）文物出版社，1986

❸ 繆良雲，中國歷代絲綢紋樣，紡織工業出版社，1988

❹ 遼寧省博物館，宋元明清緙絲，人民美術出版社，1984

❺ 「台北」故宮博物院，緙絲刺繡

❻ 中華五千年文物集刊，織繡篇

❼ 余城，刺繡之巧與藝

後記

　　中國歷來有「絲綢之國」的美譽。絲綢以它的天生麗質、綺
麗神奇和豐富無比的歷史屬性和社會屬性，與中華五千年的文
明史同生息、共進步，爲美化人類的物質生活和精神生活作出
了巨大的貢獻。

　　明清時期，特別是明代宣德以後到清代中葉康乾盛世這一歷
史階段，織繡工藝的發展取得了前所未有的成就，並爲我們留
下了大量的精美絕倫的珍品。其品種之繁多，工藝之精巧，形
式之瑰麗，色彩之絢爛及內涵之豐富，藝術風格之多樣，使明
清織繡藝術達到了中國封建社會的歷史最高峰，在中國和世界
科技、藝術之林中都占有重要的地位。

　　北京藝術博物館作爲一座綜合性的藝術類博物館，收藏有傳
世的明清織繡文物二千多件，包括明代的大藏經裱封、帝后龍
袍、各類觀賞品、宗教、祭典的禮儀用品及宮廷和民間的生活
用品等近百個品種，其中有不少是國家級珍品。本館對這批文
物的保護與研究非常重視，投入了相當的人力與財力。故宮博
物院的陳娟娟女士對這批文物的鑒定作了諸多的工作，李英華
女士也曾給予熱情的幫助。本館專業人員亦傾以大量的時間、
心力進行整理、研究。自1990年以來，本館不斷舉辦展覽，向
社會各界介紹優秀輝煌的明清織繡工藝。

　　本書所錄實物均爲首次發表，希望能爲絲綢專業工作者和愛
好者提供一些可以利用的資料，更希望各位專家、同仁對書中
的不足與錯誤之處提出批評。

　　最後，祝願絲綢這朵瑰麗馨香的民族之花常開不敗。

■■■6

明清織繡

主編◉王光鎬

撰文◉楊　玲

攝影◉楊京京

美術規劃◉　李純慧設計工作室

法律顧問◉　北辰著作權事務所
　　　◉　蕭雄淋律師

發 行 人◉　何恭上

發 行 所◉　藝術圖書公司

地　　址◉　台北市羅斯福路3段283巷18號

電　　話◉　(02)362-0578・(02)362-9769

傳　　眞◉　(02)362-3594

郵　　撥◉　郵政劃撥 0017620-0 號帳戶

南部分社◉　台南市西門路1段223巷10弄26號

電　　話◉　(06)261-7268

傳　　眞◉　(06)263-7698

中部分社◉　台中縣潭子鄉大豐路3段186巷6弄35號

電　　話◉　(04)534-0234

傳　　眞◉　(04)533-1186

登 記 證◉　行政院新聞局台業字第 1035 號

定　　價◉　880元

初　　版◉　1995年 6 月30日

ISBN　957-672-184-9

文物珍寶